KB167939

비단길에서 만나는
재미있는 동서양의 역사 이야기

실크로드
역사특급

비단길에서 만나는 재미있는 동서양의 역사 이야기

실크로드 역사특급

초판 1쇄 2019년 4월 15일
초판 2쇄 2020년 11월 6일

지은이 강응천

책임편집 양선화
마케팅 강백산, 강지연
디자인 김원용, 문화유산기술연구소
사진제공 국립중앙박물관, 위키피디아

펴낸이 이재일
펴낸곳 토토북
주소 04034 서울시 마포구 양화로11길 18 3층 (서교동, 원오빌딩)
전화 02-332-6255
팩스 02-332-6286
홈페이지 www.totobook.com
전자우편 totobooks@hanmail.net
출판등록 2002년 5월 30일 제10-2394호
ISBN 978-89-6496-350-0 43900
ⓒ 강응천 2019

● 잘못된 책은 바꾸어 드립니다.
● '탐'은 토토북의 청소년 출판 전문 브랜드입니다.
● 이 책의 사용 연령은 14세 이상입니다.

비단길에서 만나는
재미있는 동서양의 역사 이야기

실크로드
역사특급

| 강응천 지음 |

팀

머리말

이 세상에는 볼거리들이 많다. '죽기 전에 꼭 가 봐야 할 100곳' 따위를 소개하는 책이나 방송 프로그램도 있다. 히말라야산맥이나 나일강 같은 거대한 자연, 마추픽추 같은 불가사의한 역사 유적 등 볼거리의 종류도 다양하다. 그런데 나에게 여행 중에 가장 인상적이었던 볼거리를 꼽으라고 하면 주저 없이 하늘에서 내려다본 미국 땅을 고를 것이다.

미국 동부의 뉴욕에서 비행기를 타고 서부의 로스앤젤레스까지 가는 동안 내려다보이는 풍경은 놀라웠다. 한반도의 50배에 이르는 그 넓은 땅덩어리를 어느 한 곳도 예외 없이 바둑판 같은 도로망이 수놓고 있었다. 산이 가로막으면 터널을 뚫고, 강이 가로막으면 다리를 놓았으며, 사막이든 늪이든 가리지 않고 무조건 모든 길을 반듯한 직선으로 냈다. 사람이 빚어낸 이 광경이 신이 빚은 그 어떤 자연 풍광보다도 더 나를 감동시킬 줄은 미처 몰랐었다.

이처럼 무자비할 정도로 효율적인 도로망은 그 어떤 장애물에도 아랑곳하지 않는 미국인의 진취적인 개척 정신 때문에 가능했을 것이다. 미국인이 그러한 개척 정신을 발휘하기 시작한 것은 19세기 중반 서부 개발과 함께였다. 로스앤젤레스와 쌍벽을 이루는 서부 도시 샌프란시스코에서 1849년 금광이 발견되어 사람들이 몰려들게 된 것은 그러한 서부 개척의 상징적 사건이었다. 그래서 지금도 샌프란시스코를 대표하는 미식축구 팀은 '포티나이너스(49ers)'라고 불린다.

미국을 일약 세계적인 경제 강국으로 끌어올린 서부 개척과 비슷한 현상이 21세기 중국에서 펼쳐지고 있다. 마치 초기에 동부 해안에서 출발한 미국처럼 20세기 들어 동부 해안 도시를 중심으로 성장하던 중국이 서부로, 서부로 눈을 돌리고 있는 것이다. 황량한 사막을 가로질러 서부의 금광으로 향하던 19세기 미국인처럼 오늘날 중국인은 사막과 고원을 가로질러 서부의 유전 지대로 달려가고 있다.

중국인은 이러한 21세기의 서부 개발을 '일대일로(一帶一路)' 구상의 일부로 여긴다. 일대일로는 육상 실크로드와 해상 실크로드를 합쳐 부르는 말로, 그 옛날 중국과 서쪽 나라들의 교역로였던 실크로드를 부활시키겠다는 야심 찬 계획이다. 석유를 비롯한 각종 지하자원이 발견된 서부 지대를 개발하는 것은 물론, 그러한 개발을 국경 너머 서쪽 여러 나라들로 넓혀 나가겠다는 것이다.

불과 10년 전만 해도 실크로드라는 말이 이렇게 진취적이고 야심 찬 뜻으로 쓰이게 될 줄은 몰랐을 것이다. 실크로드는 먼 옛날 동서양을 이어 주던 사막 위 가녀린 교역로였고, 오랫동안 관광객이 낭만적인 생각에 잠겨 찾아보는 옛길일 뿐이었다. 그랬던 실크로드가 과거 역사 속 그 어느 때보다 훨씬 더 거대한 규모로 되살아나고 있다. 동쪽에서 비단과 도자기가 건너가고, 서쪽에서 유리와 각종 악기가 건너오던 길을 거대한 유조차와 화물차가 누비고 있다. 실크로드를 감싸고 여행자들을 위협하던 사막과 고원에는 거대한 석유 공장과 풍력 발전소가 빽빽이 들어서고 있다.

실크로드가 이처럼 재개발되면서 되살아나는 것은 이 길의 경제적 가치만이 아니다. 그곳을 무대로 오가던 상인과 승려와 외교관들, 그곳에 점점이 흩뿌려져 있던 오아시스 도시에서 살며 자신들의 문화를 창조하던 주민들, 그곳의 패권을 놓고 자웅을 겨루던 유목민과 정착민의 부대들…… 그 모든 사람들이 남긴 역사와 문화도 오롯이 되살아나고 있다.

우리는 어쩌면 그동안 실크로드를 잊고 있었는지도 모른다. 실크로드 양쪽에서 번영하던 동서양의 몇몇 문명국가만 알고, 그들이 실크로드를 통해 주고받던 몇몇 문물만 기억해 왔는지도 모른다. 정작 유라시아 대륙의 심장부에 해당하는 그곳에서 일어난 거대한 역사의 물결은 어린 시절의 꿈처럼 잊어버렸는지도 모른다.

이제부터 여러분과 함께 잊혔던 실크로드로 들어가 부활하고 있는 역사와 문화의 참모습을 확인하고자 한다. 그러다 보면 놀랍게도 실크로드를 둘러싸고 벌어진 역사의 장면들이 우리나라 역사와도 결코 무관하지 않다는 사실을 깨닫게 될 것이다.

중국이 150여 년 전 미국처럼 서부를 개척한다면서 실크로드를 되살리고 있는 것은, 중국을 미국처럼 부강한 나라로 만드는 데 그치지 않을 것이다. 미국 서부의 끝은 한도 끝도 없는 태평양이지만 중국 서부의 끝은 헤아릴 수 없이 많은 민족과 나라들이기 때문이다. 또한 그 나라들이 교류하고 협력하는 실크로드 동쪽의 파트너는 중국만이 아니다. 우리나라와 몽골, 일본을 비롯한 동아시아의 수많은 나라들이 유라시아 대륙의 일원으로 그 나라들과 미래를 공유하고 있다.

중국이 시동을 건 '일대일로' 구상과 더불어 실크로드가 역사 속에서 뛰어나와 미래로 달리고 있다. 우리는 이처럼 미래로 달리는 실크로드 열차 위에 올라탔다. 그리고 실크로드의 여정에 함께하기 위해 먼저 그 길이 걸어온 역사를 파악하고자 하는 것이다.

2019년 3월

강응천

차 례

머리말   4

1   푸른 눈의 정복자들   12
　　– 실크로드와 고대 그리스

2   천산에서 단군을 만나다   24
　　– 실크로드와 고대 한반도

3   비단 장수 하면 왜 왕 서방일까   34
　　– 실크로드의 탄생

4   로마로 가는 길   48
　　– 실크로드 동과 서의 고대 제국

5   호랑이를 잡으려면 호랑이 굴에 들어가야 한다   58
　　– 실크로드를 둘러싼 한과 흉노의 대결

6   신라의 왕은 흉노의 후손일까   74
　　– 삼국 시대의 실크로드

7   돌궐이라 쓰고 터키라고 읽는다   84
　　– 실크로드를 둘러싼 당과 돌궐의 대결

8   삼장법사가 고구려에 왔더라면   100
　　– 불교와 실크로드

9   서라벌 달 밝은 밤에 놀던 서역인들   116
　　– 통일 신라와 실크로드

10 고선지가 패하자 종이가 서쪽으로 간 내력   130
      – 실크로드와 문명의 교류

11 유교는 왜 세계 종교가 되지 못했을까   144
      – 실크로드와 동서 문화의 교류

12 마르코 폴로가 동쪽으로 간 까닭은   158
      – 몽골 제국과 실크로드

13 서쪽으로 간 정화, 더 서쪽으로 간 콜럼버스   172
      – 해상 실크로드와 대항해 시대

14 도자기 세계화의 시발점이 된 임진왜란   184
      – 조선의 청화백자와 '세라믹로드'

15 최후의 유목 제국   196
      – 청 제국과 실크로드의 종말

16 실크로드의 보물이 왜 우리나라에 있을까   214
      – 서세동점과 '실크로드의 악마들'

17 실크로드에서 민주주의를 생각하다   228
      – 고대의 민주주의와 현대의 민주주의

18 실크로드에서 통일을 생각하다   252
      – '일대일로'와 남북통일

실크로드 주요 경로

베네치아
로마
아테네
이스탄불
흑해
안티오크
팔미라
바그다드
테헤란
카스피해
나샤푸르
메르브
아랄해
바스라
페르시아만
아덴
말린디

1

푸른 눈의 정복자들

실크로드와 고대 그리스

델포이 신전 고대 그리스인이 세계의 중심이라 여겼던 신전으로, 올림포스 12신 가운데 하나인 아폴론을 모셨다. 신전에는 배꼽을 뜻하는 '옴팔로스'라는 석조물이 자리 잡고 있다. 1987년 유네스코 세계문화유산에 등재되었다.

그리스 신화에 나오는 영웅 헤라클레스를 모르는 사람은 없을 것이다. 고대 그리스 사람들은 헤라클레스를 세상에서 가장 힘센 사나이로 믿었다. 그는 신들의 왕인 제우스와 인간 여인의 사이에서 태어났지만, 제우스의 부인이자 최고 여신인 헤라의 저주를 받은 비운의 사나이였다. 헤라클레스는 헤라의 저주 때문에 평생 고생만 하다가 스스로 나뭇단 위에 올라가 불타 죽고 말았다. 그렇게 죽은 다음에야 신들이 모여 사는 올림포스 궁전으로 올라가 헤라와 화해하고 신의 반열에 올랐다고 한다.

그런데 이렇게 불타 죽은 헤라클레스야말로 유라시아 대륙을 이따금씩 불바다로 만들어 버리던 이주민의 대표적인 조상 가운데 한 명이었다. 기원전 세계에서 문명 세계와 충돌을 벌이던 이주민은 초기에는 대개 헤라클레스와 같은 백인이었다. 금발에 체구가 크고 푸른 눈과 높은 코를 특징으로 하는 그들은 인도유럽어 계통의 말을 한다고 해서 '인도유럽어계 인종'으로 불리고, 흑해와 카스피해 사이의 코카서스(캅카스)산맥에서 왔다고 해서 '코카서스 인종'이라고도 불린다.

자, 그렇다면 그리스라는 문명국가의 신화적 영웅인 헤라클레스가 어떻게 해서 백인 계통 이주민의 상징적인 존재가 되었는지, 신화와 역사의 경계를 뚫고 고대 그리스로 들어가 보자.

헤라클레스는 어디에서 왔을까

헤라클레스와 그의 후예들에 대해서 알려면 당시 이주민이 어떤 사람들인지 먼저 알아야 한다. 역사 교과서를 읽어 보면 알 수 있듯이 인류는 구석기 시대 내내 떠돌이 생활을 했다. 그러다가 만 년 전 무렵 빙하기가 끝나고 지구가 따뜻해지자, 한곳에 모여 살면서 농사도 짓고 가축도 기르는 정착 생활을 시작했다. 그 시기가 바로 신석기 시대였고, 그때 인류가 정교한 도구도 만들고 토기도 빚으면서 정착 문명의 기틀을 마련한 것을 가리켜 신석기 혁명이라 한다.

그러나 모든 인류가 정착 생활을 한 것은 아니다. 정착하고 싶어도 할 수 없는 사람들이 있었다. 유라시아 대륙 중앙부의 초원이나 산악 지대에 살던 사람들은 여러 가지 이유에서 주기적으로 이주를 해야 했다. 훗날 이런 사람들은 말과 낙타를 타고 양떼를 몰면서 예전과 같은 떠돌이 생활을 계속하곤 했다. 떠돌아다니면서 가축을 키운다고 해서 그들의 생활 방식을 '유목(遊牧)'이라 부른다. 지금도 몽골의 초원이나 아프리카의 사막에서는 이 같은 유목 생활을 하는 사람들을 찾아볼 수 있다.

여러분은 유목민 하면 먼저 어떤 생각이 떠오르는가? 말을 잘 타는 사람들, 싸움을 잘하는 사람들, 이따금씩 무리 지어 평화로운 마을을 침략해 약탈을 일삼는 사람들……. 아마도 이런 이미지들이 여러분 머릿속에 먼저 떠오를 것이다. 우리 역사 속에도 거란, 여진, 몽골 등 툭하면 쳐들어와 평화를 깨는 유목민 무리들이 적잖이 나온다.

우리처럼 정착 농경 문명을 이루고 살아온 사람들에게 유목민과 같은 이주민은 그런 야만적인 침략자로 여겨질 만도 하다. 그러나 좋든 싫든 이들 이주민은 실크로드를 무대로 한 유라시아 역사에서 빼놓을 수 없는 주인공이었다. 그들을 무조건 야만적인 침략자라고만 하기에는 인류 역사에 그들이 남긴 자취가 결코 적지 않다.

아리아인의 대이동

유라시아 중심부에서 그리스반도로 내려간 이주민은 주로 캅카스산맥 주변 초원 지대에 살던 백인 계통의 집단이었다. 그들은 지금으로부터 4,000년 전 무렵 어떤 이유에서인지 남쪽의 문명 세계를 향해 일제히 움직이기 시작했다.

당시는 세계 곳곳에서 고대 문명이 발달하고 있었다. 나일강 유역에서 일어난 이집트 문명, 유프라테스강과 티그리스강 유역에서 일어난 메소포타미아 문명, 인더스강과 갠지스강 유역에서 일어난 인도 문명, 그리고 황허강 유역에서 일어난 황허 문명을 세계의 4대 문명*이라고 한다는 것은 다들 알고 있을 것이다. 그런데 요즘에는 이들 4대 문명이 일어나던 시기에 이미 지구촌 곳곳에서 고대 문명이 시작되고 있었다는 것이 속속 밝

4대 문명 큰 강이 흐르는 주변에 자리 잡아 교통이 편리하고, 농사를 짓는 데 필요한 물이 풍부하며, 문자를 사용했다는 공통점을 지닌다.

푸른 눈의 정복자들

혀지고 있다.

문명은 농사를 지으며 한 지역에 모여 살게 된 사람들이 점차 거대한 건물과 복잡한 사회 조직을 갖춘 도시를 건설하면서 시작되었다. 그러한 도시 문명은 농업 생산이 발달한 덕분에 풍부한 의식주를 갖출 수 있었다. 그렇게 풍요로워진 도시 문명은 거친 땅에 살고 있던 이주민에게는 부러움의 대상이자 약탈의 대상이었다.

4,000년 전 무렵의 대이동은 그런 환경에서 일어났다. 흑해와 카스피해 사이의 드넓은 초원 지대와 캅카스산맥 일대에 살던 부족들이 한꺼번에 남쪽의 문명 지대로 쏟아져 내려갔다. 왜 그런 이동이 일어났는지는 알려지지 않았으나, 그 이동이 어떤 결과를 낳았는지는 잘 알려져 있다. 한마디로 당시 세계에 알려진 거의 모든 문명 세계의 인간 집단을 바꿔 놓았다.

푸른 눈의 이주민들은 서쪽으로는 동유럽을 지나 그리스와 이집트, 메소포타미아 지역으로 내려가고, 동쪽으로는 이란과 인도의 문명 지대로 내려갔다. 그들은 약탈자이자 정복자가 되어 자신들이 점령한 곳에서 고대 문명을 꽃피우고 있던 사람들을 내쫓거나 지배했다. 그리고 자신들이 고대 문명의 주역이 되었다.

이처럼 역사상 처음으로 문명 지대로 내려가 그곳의 주역이 되어 버린 최초의 이주민은 백인계였다. 그들 가운데 일부는 스스로를 '아리아인'*이라고 불렀다. 인도에서는 아리아인이 원

아리아인 산스크리트어 아리야에서 유래한 말로, 스스로를 '고귀하다'고 높이는 의미를 갖는다.

주민이던 드라비다인을 정복하고 스스로 주인 행세를 했다.

그런가 하면 '이란'이라는 나라 이름은 '아리아인의 나라'라는 뜻이다. 그래서 이란 사람들은 아시아 대륙에 있지만 신체의 특징은 체격이 큰 유럽인과 똑같다. 우리나라 축구 선수들이 아시아에서 경기를 할 때 가장 힘들어하는 상대가 이란인 것도 다 이유가 있다.

억압받는 이주민, 헤라클레스

이제 그리스로 내려간 이주민의 상징적 지도자, 헤라클레스에 대해 알아볼 차례이다. 헤라클레스라는 이름의 뜻은 '헤라의 영광'이라고 한다. 헤라클레스는 나면서부터 헤라의 저주를 받아 죽도록 고생만 했는데, 왜 그가 헤라의 영광이라는 이름을 갖게 되었을까?

역사학자들은 바로 그 이름 속에 그리스로 내려간 이주민의 운명이 고스란히 담겨 있다고 주장한다. 여신 헤라는 본래 그리스에서 살던 원주민의 수호신을 가리키고, 헤라클레스는 그곳으로 이동해 간 이주민의 영웅을 가리킨다고 한다. 그러니까 헤라를 모시는 원주민과 헤라클레스를 받드는 이주민은 대립할 수밖에 없었다. 그러다가 어떤 방식으로든 원주민과 이주민의 화해가 이루어졌고, 그 화해의 상징으로 이주민의 영웅에게 '헤라의 영광'이라는

여신 헤라
본래 그리스에서 살던 원주민이 숭배하는 지모신(地母神)이었으나, 훗날 이주민의 최고신인 제우스의 아내로 여겨지게 되었다. 로마 신화의 '유노(영어로는 주노)'와 같은 존재이다.

제우스
번개와 벼락의 신으로, 그리스로 이동해 간 이주민의 수호신이었다. 로마 신화의 '유피테르(영어로는 주피터)'와 같은 존재이다.

이름이 붙여졌으리라는 것이다.

역사책을 살펴보면 고대에 그리스 땅으로 내려온 이주민의 대이동은 두 차례 있었다. 지금으로부터 4,000년 전인 기원전 2000년 무렵에 한 번, 그보다 천 년 뒤인 기원전 1000년 무렵에 한 번이었다. 첫 번째로 내려온 이주민은 그리스 땅에 눌러앉아 미케네 문명이라고 불리는 고대 문명을 건설했다. 호메로스의 서사시로 유명한 트로이 전쟁을 일으킨 사람들이 바로 이 미케네 문명의 주역이었다. 그러다가 두 번째 이동이 있었다. 그때 그리스로 내려온 이주민도 같은 아리아인 계통이었는데, 그들을 특별히 가리켜 도리아인이라 한다. 바로 이 도리아인의 전설적 지도자가 헤라클레스였다.

헤라클레스가 이끄는 도리아인은, 하늘의 신이며 천둥과 벼락을 주재하는 제우스 신을 숭배했다. 반면 이미 그리스 땅에 정착해 농사를 지으며 살던 원주민은, 땅의 여신이며 농사짓는 사람들의 보호자인 헤라 여신을 숭배했다. 먼 옛날 여기저기 옮겨 다니던 이주민은 하늘을 숭배하고, 한자리에 모여 살면서 농사를 짓는 정착민은 땅을 숭배했다. 그런 관습이 그들의 신앙에도 그대로 나타났던 것이다. 그렇다면 제우스 신과 헤라 여신은 처음에는 부부가 아니라 적이었던 셈이다.

잠깐 그리스 신화로 들어가 보자. 소문난 바람둥이 제우스는 인간의 여인 알크메네와 바람을 피워 헤라클레스를 임신하게 한다. 그런데 알크메네는 위대한 영웅 페르세우스의 후손이었다. 헤라클레스가 태어날 무렵이 되자 제우스는 페르세우스의 후손이 미케네의 왕이 될 것이라고 선언한다. 이 사실을 알게 된 헤라는 역시 페르세우스의 후손인 에우리스테우스를 헤라클레스보다 먼저 태어나게 한다. 이렇게 헤라가 서두르는 바람에 에우리스테우스는 열 달을 채우지 못하고 칠삭둥이로 태어나 미케네의 왕이 되었다. 그리고 헤라가 조종하는 대로 평생 헤라클레스를 괴롭힌다.

이처럼 신화는 인간들 사이에서 일어나는 일들을 신들의 조종으로 설명하곤 한다. 따라서 헤라클레스 신화를 역사적으로 풀어 보면, 정착 문명국가 미케네의 왕 에우리스테우스는 이주민의 지도자 헤라클레스를 괴롭히다가 끝내 죽음에 이르게 만들었다. 에우리스테우스는 이 모든 것을 대지의 여신인 헤라의 뜻이라고 믿었을 것이다. 또 하늘의 신 제우스를 신봉하는 헤라클레스는 불타는 나뭇단 위에서 아버지 제우스를 외치며 숨을 거두었을 것이다.

헤라클레스의 죽음으로 미케네 왕 에우리스테우스는 한숨 돌렸을 것이다. 하지만 그것으로 끝이 아니었다. 헤라클레스의 후손이라고 주장하는 무리들이 다시 세력을 키워 미케네를 공격했다. 그들은 마침내 헤라클레스의 원수인 에우리스테우스를 죽이고 미케네를 정복한다. 신화에서는 이 같은 복수극 정도로 끝이 나지만 실제 역사는 훨씬 더 잔인했다. '헤라클레스의 아이들'로 불리는 도리아인은 미케네 문명을 완전히 파괴하고 그

왜 헤라클레스는 불타는 나뭇단 위에서 죽었을까?

보통 농사를 짓고 사는 정착민은 죽은 자를 화장하지 않고 땅에 묻어 땅으로 돌려보낸다. 그러나 이주민은 계속 떠돌아다니는 그들의 생활 관습 때문에 언제 고인을 묻은 무덤으로 돌아올 수 있다는 보장이 없어서 화장을 하곤 했다. 그러한 관습이 헤라클레스의 죽음에 그대로 나타난 것이다.

루카 지오다노, 〈나뭇단 위의 헤라클레스〉

리스 전 지역을 오랫동안 암흑세계로 만들어 버렸다. 지금도 역사학자들은 미케네 문명이 완전히 파괴된 뒤 새로운 고대 문명이 나타날 때까지 그리스 지역의 역사를 알려 주는 문자 기록을 찾을 수 없다고 한다. 이주민의 대이동은 때로는 이처럼 문명 세계를 한동안 철저히 파괴해 버릴 만큼 끔찍한 결과를 낳기도 했다.

결국 헤라 여신을 거부한 이주민의 지도자가 '헤라의 영광'으로 불리게 된 것은, 그리고 정착민의 여신인 헤라와 이주민의 신인 제우스가 부부 관계로 나타나게 된 것은, 오랜 세월이 흘러 그리스 사람들이 옛날의 끔찍한 기억을 아름다운 추억으로 바꿔 간직하게 된 다음의 일이었다.

미케네 황금 데드마스크
미케네의 왕이나 귀족의 유해에 붙였던 것으로, 금판을 망치로 두드려 만들었다.

미케네 유적
그리스 남서부 펠레폰네소스반
도에 있던 선사 시대의 도시 미
케네의 터이다. 신화에 따르면
헤라클레스의 맞수였던 에우리
스테우스가 죽은 뒤 아트레우
스 왕가가 들어섰다. 트로이 전
쟁 당시 그리스 연합군의 총사
령관이던 아가멤논은 아트레우
스 왕가의 일원으로 미케네를
다스렸다. ©David Monniaux

2

천산에서 단군을 만나다

실크로드와 고대 한반도

카자흐스탄 천산(天山)의 큰 알마티 호수 카자흐스탄의 알마티시 남쪽을 가로
지르는 천산산맥에 자리 잡은 산정 호수. 천산산맥은 중국, 키르기스스탄, 우즈
베키스탄, 카자흐스탄 등 네 나라에 걸쳐 2,500킬로미터 길이로 뻗어 있다.

실크로드의 서쪽 끝에 그리스반도가 있다면 동쪽 끝에는 한반도가 있다. 그리스인의 헤라클레스 신화가 실크로드 이전의 오랜 옛날을 배경으로 한다면, 한국인의 단군 신화는 그보다도 더 오랜 옛날을 배경으로 펼쳐진다.

그런데 헤라클레스 신화와 단군 신화는 묘한 공통점이 있다. 헤라클레스가 하늘의 신 제우스와 신성한 혈통을 가진 인간의 여인 알크메네의 아들인 것처럼, 단군왕검은 하늘의 신 환웅과 곰이 변신한 인간의 여인 웅녀의 아들이다. 헤라클레스가 하늘의 신을 섬기는 이주민 집단의 지도자였던 것처럼, 단군왕검도 하늘의 신을 받들며 먼 곳에서 이주해 온 사람들의 지도자가 아니었을까?

만약 그렇다면 환웅이 수많은 무리를 이끌고 하늘에서 내려오는 것은 무엇을 뜻할까? 곰과 호랑이가 환웅에게 가서 인간이 되게 해 달라고 하는 것은 무슨 뜻일까? 그리고 단군왕검이란 이름에는 무슨 뜻이 깃들어 있을까? 이제부터 단군 신화를 찬찬히 뜯어보면서 이 의문을 풀어보자.

단군 신화의 비밀

옛 사람이 단군 신화를 기록한 책은 여러 권 남아 있다. 그 가운데 가장 오래된 것은 고려 시대에 일연 스님이 쓴 《삼국유사》이다. 흔히 기원전 2333년이라는 고조선 건국 연대가 이 책에 쓰여 있는 줄 알지만, 그건 아니다. 《삼국유사》는 단군왕검이 나라를 세운 해를 기원전 2284년으로 계산하고 있다. 일연 스님은 무슨 근거로 그렇게 계산했을까? 또 우리는 왜 일연 스님이 계산한 고조선 건국 연대를 쓰지 않는 걸까? 궁금증이 마구마구 일어나겠지만 다음 기회를 찾기로 하고 《삼국유사》에 나오는 단군 신화를 다시 한번 살펴보는 데 집중하자.

오랜 옛날 환인(桓因)이라는 분이 하늘을 다스리고 있었다. 그분의 서자(庶子)* 환웅은 하늘이 아닌 저 아래 인간 세상을 다스리고 싶어 했다. 환인은 서자 환웅이 하늘에서 호강을 누리는 대신 땅으로 내려가 인간 세상을 다스리고 싶어 하는 것을 기특하게 여겼다. 그래서 하늘 아래 세상을 굽어 살핀 뒤 삼위태백이라는 곳으로 환웅을 내려 보내기로 했다. 삼위태백은 지금의 백두산이나 묘향산 쪽인데, 환인이 그곳을 고른 것은 '널리 인간을 이롭게 하기'에 적합한 곳이기 때문이었다.

'널리 인간을 이롭게 한다'는 뜻의 한자어가 무엇인지 독자들은 알 것이다. 바로 '홍익인간(弘益人間)'이다. 나중에 단군왕검의 아버지가 되는 환웅은 바로 그러한 멋진 뜻을 품고 이 땅

서자 양반 남성과 정식 부인 사이에 태어난 자식이 아니라 첩이 낳은 자식을 말한다.

에 내려왔다. 《삼국유사》를 쓴 사람이 일연 스님이기 때문에 홍
익인간은 어쩌면 불교의 이상을 표현한 말일지도 모른다. 아무
튼 이렇게 멋진 뜻을 품고 시작된 우리 역사는 처음부터 매우
근사한 전통을 품었던 셈이다. 여러분은 이 사실을 마음껏 자랑
스러워해도 된다.

환웅은 바람과 구름과 비를 다스리는 신을 비롯한 300명의
신하를 거느리고 삼위태백의 신성한 나무인 신단수(神檀樹)에
이르렀다. 바로 그때 환웅을 찾아온 동물들이 있었다. 곰과 호
랑이였다. 인간을 부러워하던 그들은 신령스러운 환웅에게 인
간이 되고 싶다고 말했다. 그러자 환웅은 두 동물에게 쑥과 마
늘*을 주고 동굴에서 100일 동안 그것만 먹고 견디라고 했다. 참
을성 없는 호랑이는 조금 굶다가 동굴을 박차고 뛰쳐나갔으나,
곰은 우직하게 버텨 21일 만에 인간 여성이 되었으니 이를 '웅
녀(熊女)'라 한다. 웅녀가 자식을 낳고 싶어 하자 환웅은 인간의
몸이 되어 그녀와 혼인하고 아들을 낳았다. 그 아들이 바로 고
조선을 세운 단군왕검이다.

단군왕검은 평양성에 도읍을 정하고 고조선을 세운 뒤 백악
산의 아사달로 도읍을 옮겼다. 그는 1,500년 동안 나라를 다스
리다가 중국 은(상)나라 말기의 현자인 기자(箕子)를 왕으로 봉하
고 1908세 되던 해에 신선이 되었다. 여기까지가 우리가 아는
단군 신화의 내용이다. 과연 여기 어디에 단군왕검이 이주민의
자손이라는 속뜻이 숨겨져 있을까?

마늘 마늘이 우리나라에 들어
온 것은 고려 시대 이후의 일이
므로 웅녀가 먹은 것은 마늘이
아니라 달래일 것이라고 짐작
하는 사람들도 있다.

천산에서 단군을 만나다

단군의 아버지는 이주민,
어머니는 정착민

예전에 한 학자가 카자흐스탄을 다녀오더니 그곳에도 단군 신화가 있더라고 신문에 쓴 일이 있다. 카자흐스탄은 중앙아시아를 가로지르는 천산산맥 줄기에 있는 나라이다. 이 산맥의 산봉우리 곳곳에는 백두산처럼 '하늘의 연못'을 뜻하는 천지(天池)가 있다. 바로 그런 천지들에도 우리의 단군 신화와 비슷한 신화들이 깃들어 있다.

앞의 학자가 소개한 카자흐스탄의 신화에 따르면 하늘에서 '텡그리'가 내려와 나라를 세웠다고 한다. 여기서 '텡그리'는 먼 옛날부터 북아시아와 중앙아시아 일대에서 하늘을 뜻하는 말로 쓰였다. 나아가 하늘의 신을 뜻하기도 했고 하늘의 신에게 제사 지내는 무당을 뜻하기도 했다. 학자는 바로 이 '텡그리'가 단군이라고 생각했던 것이다.

이 생각은 터무니없는 것이 아니다. 많은 학자들이 단군 신화

단군상
'단군'을 우상화한다는 이유로 종교적 입장이 다른 이들에 의해 곳곳의 단군상들이 훼손되는 일들도 있었다.

와 고대 북아시아의 신화를 비교한 결과, '단군(檀君)'은 '텡그리'를 한자로 표기한 말이라고 결론 내렸다. 그러니까 카자흐스탄 신화에 나오는 텡그리와 우리 신화에 나오는 단군은 같은 뜻이라는 것이다. 그렇다면 카자흐스탄에서는 단군이 직접 하늘에서 내려와 나라를 세운 반면, 우리나라에서는 단군이 하늘에서 내려온 환웅의 아들로서 나라를 세운 셈이다.

단군이 텡그리, 즉 하늘의 신이나 무당이라고 하자. 이러한 사실과 단군왕검이 이주민의 자손이라는 주장 사이에 무슨 상관이 있을까? 먼 옛날 하늘을 섬기던 사람들은 여기저기 떠돌아다니는 이주민이었다. 한곳에 모여 사는 정착민은 자신들이 발 딛고 사는 땅에 있는 것을 숭배하지만, 이주민은 해와 달과 별에 의지하며 높고 푸른 하늘을 숭배했다. 따라서 텡그리, 즉 하늘의 신을 숭배하는 사람들은 이주민일 수밖에 없다는 것이다.

이런 주장을 받아들이면 하늘에서 내려온 환웅과 신하들은 저 아득한 북아시아 어디에선가 온 이주민들이고, 하늘에 제사를 지내는 단군왕검은 이주민의 자손이 된다. 그렇다면 환웅과 혼인한 웅녀, 즉 단군왕검의 어머니는 무엇을 상징하는 걸까? 또 사람이 되지 못하고 동굴에서 뛰쳐나간 호랑이는 무엇일까?

학자들은 사람이 되려고 환웅을 찾아온 곰과 호랑이가 백두산 일대에서 살고 있던 정착민이라고

삼국유사
1281년 고려의 일연 스님이 쓴 역사책으로, 단군 신화를 기록한 책 중 가장 오래되었다.

천산에서 단군을 만나다

해석한다. 곰과 호랑이는 그 지역에 나타나곤 하는 무서운 동물들이다. 먼 옛날, 땅에 정착해 살던 사람들은 자신들에게 특별한 의미가 있는 동물을 숭배하는 관습이 있었다. 그런 동물을 토템이라 하고, 토템을 숭배하는 신앙을 토테미즘이라 한다. 그러니까 곰은 곰을 토템으로 섬기는 정착민 부족을 상징하고, 호랑이는 호랑이를 토템으로 숭배하는 정착민 부족을 상징하는 셈이다.

곰 토템 부족과 호랑이 토템 부족은 이주민인 환웅 부족이 나타나자 혼란에 빠진다. 그 가운데 용맹하고 성미가 급한 호랑이 부족은 환웅 부족과 한바탕 겨루다 쫓겨나고, 신중하고 진득한 곰 부족은 환웅 부족과 힘을 합쳐 나라를 세우게 된다. 이런 내용이 신화로 표현된 것이 바로 단군 신화라는 것이다. 그렇다면 단군왕검은 이주민을 아버지로, 정착민을 어머니로 삼아 태어난 고조선의 건국 영웅인 셈이다.

여기까지 살피고 나면 단군왕검이 이주민의 자손이라는 주장이 제법 그럴듯하게 다가온다. 물론 주의 깊은 친구들은 아직도 몇 가지 의문이 남아 있을 것이다. '단군'이 하늘의 신이나 무당을 의미하는 '텡그리'라면 '왕검(王儉)'은 무엇인가? 또 단군왕검이 1,500년이나 나라를 다스렸다는 이야기는 무슨 뜻이란 말인가?

흥미진진한 다음 이야기로 넘어가기 위해 이 의문을 간단히 풀어 보자. 단군이 하늘에 제사를 지내는 무당이라면 '왕검'

은 임금과 같은 뜻이다. 무당은 신과 인간을 이어 주는 공동체의 지도자이고, 임금은 절대 권력을 가지고 국가를 다스리는 지배자이다. 따라서 단군왕검은 국가가 탄생하기 전 공동체를 이끌던 무당(단군)과 국가가 탄생한 뒤 이를 통치하던 임금(왕검)을 합쳐 놓은 존재라 할 수 있다.

그렇다면 단군왕검은 신화에 나오는 것처럼 한 사람의 이름이 아니라 '왕'이나 '대통령' 같은 직책을 가리키는 이름일 수도 있다. 그러니까 단군왕검이 1,500년 동안 나라를 다스렸다는 말은 실제로는 1,500년 동안 여러 명의 단군왕검이 이어서 나라를 다스렸다고 풀이해도 될 것이다. 단군왕검이 기자라는 사람을 '왕'으로 봉한 뒤에도 몇 백 년 더 살았다는 이야기는, 왕으로 불리는 권력자가 나타난 뒤에도 한동안은 단군왕검이라는 직책이 남아 있었다는 뜻이리라.

제정일치 제사를 주관하는 무당과 정치를 담당하는 임금이 분리되기 이전 단계의 사회.

백두산 천지
세계에서 가장 깊은 화산 호수이자, 아시아에서 가장 크고 세계에서 가장 높은 화구호이다.

3

비단 장수 하면
왜 왕 서방일까

실크로드의 탄생

실크로드로 떠나는 사람들 중국인이 고대 실크로드의 출
발점으로 여기는 산시성 시안 시내에 있는 석상으로, 실크
로드를 오고 가던 상인들의 모습을 표현해 놓았다.

비단 장수 하면 왕 서방이 떠오르고, 왕 서방 하면 중국인이 떠오른다. 왜 그럴까? 비단은 오랜 옛날부터 중국이 자랑하는 특산물이었기 때문이다.

중국에서도 특히 비단 생산으로 유명한 도시가 상하이와 이웃해 있는 쑤저우라는 곳이다. 도시의 절반이 물에 잠겨 있어 '물의 도시'로 불리는 쑤저우에는 졸정원(拙政園)이라는 아름다운 정원이 있다. 옛날 명나라 때 왕헌신이라는 관리가 벼슬에서 쫓겨난 뒤 고향인 쑤저우로 내려와 이 정원을 지었다고 한다. 그런데 그 왕헌신이 비단 장수를 해서 돈을 많이 벌었다는 이야기가 전해 내려온다. 그래서 '비단 장수 왕 서방'은 왕헌신이나 그의 아들을 가리킨다고도 한다.

비단은 세계 곳곳에서 최고의 인기를 누리던 중국의 국보급 상품이었다. '실크로드' 자체가 바로 중국의 비단이 서쪽으로 팔려 나가던 길을 뜻한다. 실크로드를 통해 사고팔던 상품이 한두 가지가 아닐 텐데 왜 하필 비단이 그토록 유명해서 이 길의 이름으로까지 사용되었을까? 도대체 중국의 비단은 실크로드에서 펼쳐진 동서 교류의 역사에서 얼마나 중요한 역할을 한 것일까? 이제부터 가볍고 밝고 화사한 비단의 세계 속으로 들어가 보자.

황금만큼이나 비쌌던 비단

중국 비단의 역사는 아득한 옛날 신석기 시대까지 거슬러 올라간다. 황허강과 양쯔강 주변에 살던 사람들은 그때부터 이미 뽕나무에서 누에를 길러 비단실을 뽑아낼 줄 알았다. 중국에 전해 내려오는 이야기에 따르면 중국인의 전설적 시조인 황제(黃帝)가 처음 비단실로 옷감을 짜게 한 지도자였다.

어느 날 황제가 축제를 열었는데 하늘에서 아름다운 소녀가 내려왔다. 그녀는 한 손에 밝고 투명한 비단실을 들고 다른 손에는 노란색 비단실을 들고 있었다. 소녀가 이 실들을 황제에게 선사하자 황제는 그 실로 옷감을 짜라고 지시했다. 중국인은 하늘에서 내려온 이 소녀를 비단의 시조로 숭배하고 있다.

또 다른 전설에 따르면 비단의 시조는 하늘에서 내려온 여인이 아니라 황제의 후궁이던 누조(嫘祖)이다. 누조는 정성껏 뽕나무를 심고 거기서 누에를 기른 뒤 누에가 만든 고치에서 비단실을 뽑아내는 방법을 사람들에게 가르쳤다.*

누에 치는 것을 '양잠(養蠶)'이라고 한다. 중국의 기록에 따르면 우리나라에 처음으로 양잠의 기술을 전한 사람은 상나라의 귀족 기자이다. 앞에서 단군왕검이 고조선의 왕으로 봉했다는 그 기자 말이다. 이 기록대로라면 우리나라도 비단의 역사가 결코 짧지 않은 셈이다. 서양에 양잠 기술이 전해진 것은 빨라야 지금으로부터 1,500년 전, 그러니까 기자가 고조선 사람들

양잠 이렇게 오랜 옛날부터 누에를 치고 비단을 만들다 보니 3,000여 년 전까지 거슬러 올라가는 상(商)나라 때의 갑골문에도 누에와 비단을 나타내는 상형문자가 새겨져 있을 정도이다.

에게 양잠을 가르친 것보다 1,500여 년 늦다고 하니 더욱 그렇다.

요즘에는 워낙 가볍고 착용감 좋은 인공 섬유들이 많지만, 그래도 비단을 능가하는 옷감은 찾아보기 어렵다. 비단의 유일한 단점은 값이 비싸다는 것이다. 그런데 인공 섬유도 없고 전 세계에서 비단을 만들 줄 아는 나라가 중국뿐이던 시절에 비단이 누리던 인기는 상상을 초월한다. 그런 비단이 여러 지역을 거쳐 유럽에 이르면 그 값어치는 황금과 맞먹는 수준이었다.

기원전 500년 무렵에 만들어진 고대 그리스의 조각상이나 그릇에 새겨진 인물을 보면, 날아갈 듯이 가볍고 고급스러워 보이는 옷감을 몸에 두르고 있을 때가 많다. 그 옷감은 십중팔구 비단이다. 물론 그리스 사람들은 양잠도, 비단 직조도 할 줄 몰랐기 때문에 그 비단은 중국에서 온 것이었고 값이 무척 비쌌다. 마음껏 사치를 부릴 수 있는 귀족이 아니면 비단옷을 몸에 두를 여유가 없었다.

중국의 비단
한나라 때의 비단 웃옷과 속옷. 고급스러운 재단과 디자인을 보면 비단이 왜 고대 실크로드의 최고급 상품이었는지 한눈에 알 수 있다.

비단 장수 하면 왜 왕 서방일까

그리스만이 아니었다. 독일의 슈투트가르트 근교에 있는 기원전 5세기의 무덤에서는 비단옷 차림의 시신이 발견되기도 했다. 러시아의 크리미아 지방에서도 기원전 3세기 무렵의 중국 비단 유물이 발견되었다. 그때는 아직 중국에 의해 실크로드가 공식적으로 열리기도 전이었다. 그러니까 중국이 비단을 팔기 위해 길을 닦고 관리하기 전에도 비단은 유라시아 대륙을 가로질러 그리스, 독일 같은 곳에서 팔리고 있었다는 이야기다.

장삿속 밝기로 소문난 중국 사람들이 이처럼 서쪽에서 비단이 인기를 얻고 있다는 사실을 알았을 때 가만히 있었을 리가 없다. 비단이 서쪽 나라들에서 인기리에 팔리고 있다는 사실을 공식적으로 처음 발견한 중국인은 한나라 황제가 서쪽으로 파견한 특사 장건(張騫)이었다.

비단길을 개척하다

장건은 한나라 제7대 황제인 무제 때 사람이었다. 평소 역사를 좋아하는 친구라면 무제가 고조선을 멸망시킨 황제라는 것을 알고 있을 터이다. 어쩌면 고조선이 흉노와 연합해 한나라에 대항하려 했다는 사실도 알고 있을지 모르겠다. 지금의 몽골 초원에서 살던 흉노라는 유목민은 한때 한나라보다 훨씬 더 강한 나라를 이룩하고 있었다. 그래서 한나라는 한동안 흉노에 조공을 바치고 공주를 시집보내는 치욕을 감수해 가면서 평화를 유지하기도 했다.

무제는 더 이상 흉노에게 굽실거리며 살 수 없다고 생각했다. 그래서 흉노를 물리칠 방법을 고민한 끝에 한 가지 아이디어를 떠올렸다. 당시 흉노가 차지하고 있던 지금의 간쑤성에는 원래 월지라는 집단이 있었다. 월지 사람들은 흉노에게 쫓겨나 멀리 아프가니스탄까지 가 대월지로 불리고 있었다. 게다가 흉노의 지배자인 선우는 월지 왕을 죽이고 그 두개골을 술잔으로 썼다. 이것은 월지 사람들에게 씻을 수 없는 치욕을 안겨 주었다. 무제는 바로 그 월지의 복수심을 이용해 대월지와 동맹을 맺고 동과 서에서 흉노를 협공하고자 했다.

당시 한나라의 수도인 장안(지금의 산시성 시안)에서 대월지까지 가는 길은 매우 위험했다. 사람이 다닐 수 없는 험한 산이나 사

대월지를 향한 장건의 여정

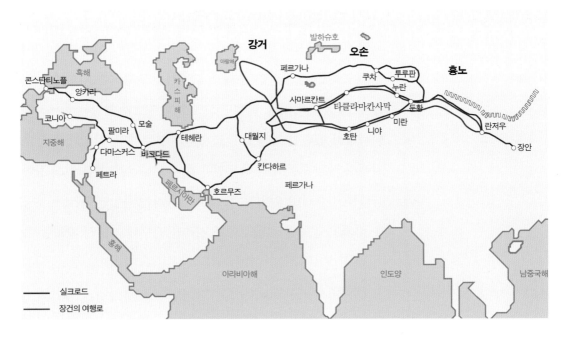

비단 장수 하면 왜 왕 서방일까

막으로 뒤덮여 있는 데다 곳곳에 흉노의 군사들이 도사리고 있었기 때문이다. 그래서 용감하고 서쪽 지리를 잘 아는 사람이 나서야 했다. 그 일을 기꺼이 맡은 사람이 황궁 근위대 장교였던 장건이었다. 사마천이 쓴 중국의 대표적인 역사책 《사기》에 따르면 장건은 황소처럼 정력이 넘치고 지도력이 뛰어난 인물이었다.

기원전 138년, 장건은 100여 명의 부관과 병사, 짐꾼들을 데리고 기약 없는 먼 길을 떠났다. 대월지에 이르는 장건의 여정은 뒤에서 따로 이야기하기로 하자. 여기서는 장건이 서역에서 중국의 비단이 팔리는 현장을 목격한 장면만 살펴보기로 하겠다.

장건은 사막과 산맥을 넘는 대장정 끝에 목적지인 대월지에

장건출사서역도
둔황 막고굴 323굴 북벽에는 한 무제의 명에 따라 서역으로 떠나는 장건 사절단의 모습이 그려진 그림이 있다.
❶ 장건 ❷ 무제

도착했다. 그러나 대월지를 다스리던 여왕은 한나라의 요구에 시큰둥한 반응을 보였다. 장건은 빈손으로 돌아갈 수 없어서 애타게 여왕을 설득했다. 여왕이 좀 더 생각해 보겠노라고 하자, 장건은 그녀의 결정을 기다리면서 1년 동안 대월지 주변 나라들을 돌아보았다.

그때 장건은 중국의 공식 사절로는 처음으로 이란(安式, 안식), 시리아(趙地, 조지), 인도(新獨, 신독) 등을 돌아보고 박트리아(大夏, 대하)에 이르렀다. 박트리아는 고대 그리스인이 힌두쿠시산맥과 아무다리야강 사이에 세운 나라였다. 그러니까 박트리아에 사는 사람들은 상당수가 그리스인이었다. 바로 그런 나라의 시장에서 장건은 중국 비단이 팔리고 있는 것을 보았다. 사막으로 뒤덮인 길을 통해서도 교역의 발길은 이어지고 있었던 것이다.

대월지의 여왕은 끝내 장건이 원하는 대답을 주지 않았다. 자신들은 옮겨 온 곳에서 잘 살고 있기 때문에 흉노와 싸울 마음이 없다는 것이었다. 장건은 임무를 완수하지 못하고 돌아가는 신세가 되었지만, 소득이 없지는 않았다. 그는 여행 기간에 들른 서역 여러 나라의 지리와 풍습에 관한 정보를 꼼꼼히 챙겼다. 그러한 정보 가운데 가장 중요한 것은 물론 박트리아의 시장에서 본 비단이었다. 한나라 정부도 모르는 사이에 그 먼 곳까지 중국의 비단이 넘어가서 팔리고 있었던 것이다.

장건의 보고를 들은 무제는 대월지의 협력이 없더라도 반드시 흉노를 밀어내고 서역 여러 나라와 교역할 수 있는 길을 뚫겠다고 다짐했다. 처음에는 흉노의 위협에서 벗어나려고 이루어진 장건의 여행은 전혀 새로운 목적을 한나라에 가져다준 셈이다. 서역 세계와 교류하는 통로를 확보해 안전하게 중국의 비단을 팔아 막대한 이익을 챙긴다는 목적 말이다.

비단의 비밀을 손에 넣어라

무제는 한편으로 군사를 일으켜 흉노와 싸우고, 한편으로 다시 장건을 보내 타림분지의 오아시스 국가들과 관계를 맺었다. 그리하여 오늘날 우리가 실크로드라고 부르는 동서 교역로가 생겨나게 되었다. 이렇게 한나라 정부가 직접 관리하는 실크로드가 생겨나기 전에도 타림분지 양쪽 간의 교역은 있었다. 하지만 한나라와 같은 큰 나라의 관리를 받으며 이루어지는 교역은 이전과는 비교도 할 수 없이 크고 번창했다.

이러한 실크로드에서 가장 인기 있는 교역품은 단연 비단이었다. 비단이 워낙 커다란 이익을 안겨 주었기 때문에 한나라는 양잠과 비단 직조술을 국가 비밀로 삼고 외국에 유출되는 것을 철저히 가로막았다. 반면 서역 여러 나라는 어떻게 해서든 비단 제조의 비밀을 손에 넣으려고 안간힘을 썼다.

이렇게 비단의 비밀을 둘러싼 중국과 다른 나라의 신경전을 잘 보여 주는 이야기가 있다. 타림분지 남서쪽 가장자리에 호탄*이라는 곳이 있다. 먼 옛날 이곳에는 쿠스타나라는 오아시스 국

호탄 과거에는 우전국으로 불렸고, 중국 최초로 불교를 받아들인 도시이다. 중국과 서방을 잇는 비단길과 중국과 인도-티베트, 중국과 중앙아시아를 잇는 주요 도로로서 전략적으로 중요했다. 현재는 신장위구르자치구에 속해 있고, 위구르족이 많이 살고 있다.

가가 있었다. 쿠스타나의 왕은 비단이 누에고치에서 얻어진다는 사실을 알고 중국에 사신을 보내 누에를 달라고 요청했다. 중국 황제는 그 요청을 거절했을 뿐 아니라 국경 지대에 명령을 내려 비단 제조와 관련된 어떤 물품도 외국에 나가지 못하도록 엄중한 경계를 하라고 했다. 오직 다 만들어진 비단실과 옷감만이 중국 밖으로 나가 팔릴 수 있었다.

쿠스타나 왕은 포기하지 않고 꾀를 생각해 냈다. 그는 중국 황제에게 온갖 진귀한 선물과 함께 간곡한 편지를 보냈다. 중국과 좋은 관계를 맺고 싶으니 중국의 공주를 자신에게 시집보내 달라는 것이었다. 황제는 외국과 친선을 맺는 것은 좋은 일이라 생각하고 기꺼이 공주를 쿠스타나에 시집보내기로 했다. 그러자 쿠스타나 왕은 공주를 모시러 가는 사신을 통해 공주에게 다음과 같은 말을 전했다.

"누에를 가져오시면 혼례가 끝난 뒤 그대를 위해 거기서 뽑은 비단실로 예쁜 옷을 지어 드리고 싶소."

공주는 쿠스타나 왕의 진심을 믿고 모자 밑에 누에를 숨긴 채 중국을 떠났다. 국경 경비대는 공주의 수행원들을 철저히 검사했으나 공주만은 건드리지 않았다. 그리하여 쿠스타나는 비단 제조의 비밀을 손에 넣게 되었다고 한다.

호탄에 이런 이야기가 전해 내려오는 것은 이 지역이 그만큼 비단 무역에서 중요한 곳이었기 때문이다. 호탄은 지금은 중국 땅이지만 먼 옛날에는 제법 먼 서역의 도시국가였다. 그런데 이곳은 예로부터 옥으로 유명했다. 중국의 비단 장수들은 호탄까지 가서 비단을 옥으로 바꿔 돌아가곤 했다. 그러면 호탄 사람들은 더 서쪽에 있는 나라들에 비단을 팔았다. 그러니까 호탄은 실크로드의 무역 중계지였던 셈이다.

이렇게 호탄을 지난 비단은 중앙아시아와 이란을 거쳐 로마 제국까지 들어갔다. 한나라만큼이나 번창하던 로마 제국에서 비단은 대단한 인기를 끌었다. 당연히 로마 사람들은 비단 제조의 비밀을 얻기 위해 노력했으나 성과가 없었다. 뽕잎을 먹고 자라는 누에는 키우기도 어려울 뿐 아니라 누에가 만드는 고치에서 비단실을 뽑는 과정도 쉽지 않았다.

결국 로마 제국이 동과 서로 나뉘고 그중 서로마 제국이 멸망할 때까지도 비단의 제조 비법은 로마에 전해지지 않았다. 그러는 동안 중국에서 들여온 비단을 로마 제국과 유럽에 넘겨 큰돈을 번 나라는 이란이었다. 동로마 제국의 유스티니아누스 황제

호탄의 옥을 캐는 사람들
중국에서 허톈(和田)으로 불리는 호탄은 쿤룬산맥에서 흘러내리는 백옥하와 흑옥하에서 나는 질 좋은 옥으로 유명하다. 사진은 백옥하에서 옥을 캐는 사람들의 모습. ⓒJohn Hill

는 그러한 이란의 비단 무역 독점권을 깨뜨리기 위해 온갖 노력을 기울였다. 그런 노력 덕분에 양잠 기술과 비단 직조법을 아는 인도 승려들이 동로마 제국의 수도인 콘스탄티노플(지금의 터키 이스탄불)에 들어갈 수 있었다. 마침내 로마 제국에 비단 제조의 비밀이 알려진 것이다. 그것이 서기 6세기의 일이었다.

그렇게 유럽 대륙에 상륙한 비단 제조법이 이탈리아, 프랑스 같은 서유럽 나라들에 보급되는 데는 또 수백 년이 걸렸다. 중국이 그랬던 것처럼 동로마 제국도 비단 제조법을 비밀로 취급했기 때문이다. 이처럼 실크로드는 비단의 비밀을 독차지하려는 '왕 서방'들과 그 비밀을 알아내려는 수많은 사람들의 팽팽한 신경전 속에 천 년이 넘도록 흥청거리고 있었다.

콘스탄티노플의 자부심
아야 소피아

동로마 제국의 수도 콘스탄티노플에 건설된 정교회 대성당. 325년 콘스탄티누스 대제가 처음 짓고 537년 유스티니아누스 황제가 재건했다. 이슬람 국가인 오스만 제국이 콘스탄티노플을 정복한 뒤에는 이슬람교 모스크로 쓰였고, 현재는 박물관으로 공개되고 있다.

비단 장수 하면 왜 왕 서방일까

4

로마로 가는 길

실크로드 동과 서의 고대 제국

성 베드로 광장 바티칸 시국의 성 베드로 대성전 앞에 있는 광장. 오른쪽에 흐르는 강이 고대 로마의 젖줄이던 테베레강이다. ©DAVID ILIFF.

요즘 세계를 움직이는 강대국 하면 누구나 미국과 중국을 꼽는다. 미국은 꽤 오랫동안 세계 최강대국의 지위를 지켜 왔다. 반면 중국은 100년 가까이 후진국 신세를 면치 못하다가 21세기 들어서야 미국을 따라가는 2등 자리에 올랐다.

그런데 좀 더 오랜 역사를 놓고 보면 오히려 미국이 중국의 상대가 되지 않는다. 미국이 고작 200년 남짓한 역사를 가진 반면 중국은 수천 년에 이르는 역사를 자랑한다. 그 수천 년 동안 중국은 대체로 세계에서 가장 부강한 나라의 대열에서 빠지지 않았다.

오늘날 중국과 미국은 정치적으로나 경제적으로나 밀접한 관계를 맺고 있다. 중국의 수도 베이징에서 미국의 수도 워싱턴까지는 비행기로 열 시간 남짓밖에 걸리지 않는다. 그렇다면 먼 옛날 실크로드를 사이에 두고 동서양에 자리 잡고 있었던 중국과 로마 제국은 어땠을까? 앞서 로마 제국에서도 중국 비단이 인기를 끌었다고 했는데, 그렇다면 지금처럼은 아니더라도 두 나라 사이에 교류가 꽤 있었을까? 이제부터 고대의 실크로드로 들어가 알아보도록 하자.

산맥과 사막이 가로막은 동서의 두 제국

아주 오랜 옛날 유라시아 대륙과 인도는 서로 떨어져 있었다. 그러다가 인도가 북쪽으로 올라가 유라시아 대륙의 가운데 아랫부분을 들이받았다. 그때의 충격으로 히말라야산맥과 중앙아시아의 산악 지대가 솟아올랐다.

그렇게 솟아오른 산악 지대와 그 북쪽의 초원·사막 지대는 유라시아 대륙의 인류 문명을 동과 서로 나누어 왔다. 서쪽의 이집트·메소포타미아 문명과 동쪽의 황허 문명은 매우 다른 모습으로 성장했다. 그러다가 동서의 문명을 각각 통합한 거대한 산맥이 양쪽에서 솟아올랐다. 그것은 진짜 산맥이 아니라 동쪽의 한나라와 서쪽의 로마라는 거대한 제국이었다.

두 제국은 그때까지 동과 서에서 발달해 온 문명의 성과들을 묶어 거대한 금자탑을 쌓았다. 그러나 산맥과 사막으로 가로막힌 두 제국은 처음에는 상대방이 있는지조차 몰랐다. 그러다가

히말라야도 키가 자란다고?
약 7,000만 년 전 인도 판이 적도를 지나 북쪽으로 이동해 약 5,000만 년 전 아시아 판과 충돌하면서 히말라야산맥이 생겨났다. 이 산맥은 약 800만 년 전 지금과 같은 높은 지형을 갖게 됐는데, 지금까지도 북쪽을 향해 판 운동이 계속되어서 1년에 약 5센티미터씩 높아지고 있다.

제국으로 성장하면서 둘은 점차 상대방에게 가까이 다가갔다. 두 나라 사람들이 직접 만나지는 못해도 실크로드를 통해 문물을 주고받았고, 서로가 얼마나 크고 발달한 나라인지도 알게 되었다.

두 나라가 직접 만나 교류의 길을 틀 뻔했던 사건은 서기 97년에 있었다. 당시 한나라는 실크로드 서쪽 끝에 대진(大秦)이라는 제국이 있다는 걸 알고 있었다. 그 대진이 바로 로마 제국이다. 그때 한나라의 실크로드 사령관 반초(班超)*는 부관 감영(甘英)을 서쪽으로 보내면서, 로마로 가는 길을 뚫으라는 특명을 내렸다.

감영은 지금의 이란 지역에 자리 잡고 있던 파르티아*까지는 거침없이 나아갔다. 중국인이 안식국이라고 부르던 파르티아는 유라시아 대륙 서쪽의 패권을 놓고 로마 제국과 치열한 싸움을 벌이고 있었다. 이 나라에서 융숭한 대접을 받은 감영은 지체

반초 후한 광무제의 통치기 동안에 기마 부대를 이끌고 흉노를 격퇴하고 실크로드의 오아시스 국가들을 지배한 장군으로, 한나라에서는 그를 '오아시스의 왕자'라 불렀다.

파르티아 전성기 때 이란의 전 지역을 지배했고, 현재의 아르메니아, 이라크, 조지아, 터키 동부, 시리아 동부, 투르크메니스탄, 아프가니스탄, 타지키스탄, 파키스탄, 쿠웨이트, 사우디아라비아의 페르시아만 해안 지역, 바레인, 카타르, 아랍에미리트 연방까지 세력을 뻗었다.

파르티아 제국 전성기(1세기)의 영토

로마로 가는 길

파르티아의 금화
파르티아는 동서 두 세계의 사
이에 위치해 있어 중계 무역이
활발했다. 당시 사용한 금화에
볼로가세스 1세 왕의 얼굴이 새
겨져 있다.

없이 로마를 향해 먼 길을 떠날 채비를 차렸다.

그런데 파르티아 뱃사람들이 감영을 말리고 나섰다. 로마로 가려면 바다를 건너야 하는데, 그 바다는 너무 넓어서 순풍이라도 3개월, 역풍일 때는 2년이나 걸린다고 했다. 용케 로마까지 간다 해도 살아 돌아오기 힘들다고도 했다. 감영은 용감한 사람이었지만 항해를 해 본 경험은 없었다. 뱃사람들의 경고에 기가 꺾인 감영은 그만 로마로 가는 걸 포기하고 발길을 돌리고 말았다.

그러나 파르티아인의 말은 거짓말이었다고 한다. 당시 파르티아는 한나라와 로마 제국 사이에서 중계 무역을 하면서 많은 이익을 얻고 있었다. 그런데 한나라와 로마가 직접 교역을 하게 되면 그러한 중계 무역의 이점을 더 이상 누릴 수 없게 된다. 그래서 거짓말로 감영에게 겁을 주었다는 것이다. 그로 인해 두 제국이 만날 수 있었던 첫 번째 기회는 물 건너가고 말았다.

한나라와 로마 제국이 직접 만난 것은 그로부터 69년이 지난 서기 166년의 일이었다. 《후한서》라는 역사책을 보면 한나라 황제인 환제 때 대진국 황제 안돈이 보낸 사신들이 왔다고 되어 있다. 그들은 사흘 동안 당시 한나라의 수도였던 낙양(지금의 허난성 뤄양)에 머물며 연회를 비롯한 극진한 환대를 받았다고 한다.

하지만 이렇게 만난 한나라와 로마 제국이 그 이후 활발하게 직접 교류를 했다는 기록은 없다. 그때는 한나라나 로마 제국이나 이미 옛날의 영광을 뒤로한 채 쇠락해 가던 중이었기 때문이다. 한나라는 반초가 죽고 난 후 실크로드에 대한 통제권을 잃어 버렸고, 로마 제국도 안으로 정쟁이 벌어지면서 제국을 유지하는 데 애를 먹고 있었다. 한나라는 오래지 않아 멸망하고 흉노, 선비 등 유목민이 중국 땅 곳곳으로 내려와 자신들의 왕조를 세우게 되었다. 로마 제국 역시 게르만족의 침략에 시달리다가 둘로 쪼개졌다. 그에 따라 두 제국의 직접 교류는 물론, 실크로드를 통한 교역도 끊기고 말았다.

한나라와 로마 제국, 그리고 중국과 미국

한나라와 로마 제국은 공통점이 많다. 한나라 앞에는 춘추전국시대가 있었고 로마 제국 앞에는 수많은 도시국가로 이루어진 고대 그리스가 있었다. 춘추전국시대의 중국은 시황제의 진나라에 의해 일시적으로 통일되었으나, 곧 다시 분열되었던 것을 한나라가 통일했다. 고대 그리스는 알렉산드로스 대왕의 헬레니즘 제국에 의해 일시적으로 통일되었으나, 곧 다시 분열되었던 것을 로마 제국이 통합했다.

춘추전국시대는 우리가 잘 아는 공자, 노자, 묵자 등 위대한 사상가들을 배출한 시기였다. '제자백가(諸子百家)'라 불리는 이 사상가들은 혼란스러운 시대를 살아가면서 인간과 세계에 관해 근본적인 물음을 던지고 다양한 답을 내놓았다. 그들의 사상

공자
고대 중국 춘추시대의 정치가이자 사상가이자 교육자. 유교의 시조라고 할 수 있다.

탈레스
고대 그리스의 철학자. 아리스 토텔레스는 탈레스를 '철학의 아버지'라고 칭했다.

과 이론은 그 후 수천 년간 동아시아 문화의 기초가 되었다. 고대 그리스의 여러 도시국가 역시 탈레스부터 아리스토텔레스까지 위대한 철학자들을 배출했다. 그들 역시 제자백가처럼 이 세상의 여러 가지 문제를 고민하고 해결책을 내놓았다. 그들의 사상과 이론은 향후 수천 년간 유럽 문화의 주춧돌이 되었다.

한나라와 로마 제국은 이처럼 풍부한 앞 시대의 사상적·문화적 유산을 계승하고 통합해 후세에 물려주었다. 한나라는 제자백가 가운데 특히 유가의 유학 사상을 계승하고 다듬어 동아시아 2,000년의 전통을 창조했다. 로마 제국은 '역사의 호수'라는 별명처럼 앞 시대의 다양한 문화적 물줄기들을 끌어들여 보존하고 발전시킨 뒤 이를 유럽에 전해 주었다.

두 제국을 이어받은 동양과 서양은 전혀 다른 모습으로 역사를 꾸려 왔다. 동양 각국은 중간에 변화가 없었던 것은 아니지만 기본적으로는 한나라가 확립한 사회 구조를 이어받아 각자의 자리에서 오랜 세월 동안 살아왔다. 반면 서양은 로마 제국이 멸망한 뒤 끊임없는 변화와 중심의 이동을 겪었다. 프랑크 왕국에서 신성 로마 제국으로, 영국으로, 미국으로 끊임없이 중심이 바뀌었다.

오늘날 세계를 호령하는 미국은 로마 제국의 정통성을 이어받았다는 자부심을 가지고 있다. 미국 의회 가운데 상원을 가리키는 '세닛(Senate)'은 로마 제국의 원로원인 '세나투스(Senatus)'에서 따온 이름이다. 미국이 정치 체제로 선택한 공화정도 로마의 공화정에 뿌리를 두고 있다.

그런가 하면 중국은 두말할 나위 없는 한나라의 직계이다. 오늘날 중국은 한나라 때 확립된 중화주의를 계승하기 위해 노력하고 있다.

21세기 초강대국인 중국과 미국이 한나라와 로마 제국의 긍정적인 역할을 계승한다면 인류를 위해 바람직한 일일 것이다. 한나라와 로마는 사막과 산맥에 가로막혀 실크로드가 있었음에도 불구하고 만나서 협력할 기회를 얻지 못했다. 그러나 오늘날 세계는 실크로드보다 몇 만 배는 빠르고 촘촘한 교역로로 이어져 있다. 중국과 미국은 20세기까지 발달해 온 동서양의 모든 문화를 녹여내어 새로운 세계 문화를 창조하기 위해 얼마든지 협력할 수 있다.

그런데 우리는 한나라가 우리 역사상 최초 국가인 고조선을 멸망시켰다는 것을 알고 있다. 로마 제국이 그리스를 비롯한 숱한 이웃 나라를 정복했다는 것도 알고 있다. 중국과 미국이 옛 제국들의 그런 못된 버릇을 물려받지 않고 교류와 융합에 앞장설지 똑똑히 지켜보도록 하자.

중화주의란 무엇일까?

중국의 자문화 중심 사상을 말한다. '중화'의 중(中)은 '중앙', 화(華)는 '문화'로, 중국이 세상의 중심이자 가장 발달한 문화를 갖고 있다는 뜻을 담고 있다. 스스로를 자랑스러워하는 데 그치지 않고, 다른 민족은 오랑캐로 여겨 천시하고 배척하는 사상이기도 하다. 그래서 다른 말로 '화이 사상'이라고도 한다. 여기서 '이(異)'는 문화 수준이 낮은 다른 여러 민족을 뜻한다.

중화주의는 춘추전국시대부터 진나라, 한나라를 거치며 완성되었다. 그러나 차츰 서양 문화를 받아들이게 되고 왕조 체제가 무너지면서 조금씩 희미해져 왔다. 그런데 20세기 이후 중국 내부에서 다수의 한족과 나머지 소수 민족 사이에 갈등이 불거지면서 다시 수면 위로 올라오고 있다.

명나라 때 중화와 오랑캐의 땅을 가르던 가욕관
명나라 때 설치된 만리장성 서쪽 끝 관문. 만리장성으로 연결되는 관문 가운데 유일하게 지을 때 모습 그대로 남아 있는 건축물이다. 가욕관이 명나라 영토의 서쪽 관문이라는 것은 명나라가 서쪽의 둔황, 투루판, 호탄 등 실크로드를 포기했음을 의미한다. 명나라는 가욕관 안쪽은 중화의 땅, 바깥은 오랑캐의 땅이라며 스스로 위안을 삼았다. 그러나 명나라를 대신해 중원을 차지한 여진족의 청나라는 그러한 구분을 지워 버리기라도 하듯 가욕관 안에 천막으로 이루어진 유목민 방식의 참모부를 설치했다(아래).

5

호랑이를 잡으려면
호랑이 굴에
들어가야 한다

실크로드를 둘러싼 한과 흉노의 대결

누란 옛터의 항공사진 신장위구르자치구 동남쪽에 자리 잡은 사막 지대로
예전에는 롭 노르 호수가 있었고, 그 호수를 중심으로 누란이 번성할 수 있었다.

고대 중국의 여전사 이야기를 다룬 <뮬란>이라는 할리우드 애니메이션 영화가 있다. 뮬란은 병든 아버지를 대신해 남장을 하고 전장에 나가 흉노와 싸운다. 이 영화는 전 세계적으로 큰 인기를 얻었지만 터키에서는 상영이 금지되었다. 이유는 뮬란의 적인 흉노를 너무 야만적이고 잔인하게 묘사했다는 것이었다.

터키가 흉노와 무슨 상관이라고 그런 이유로 상영 금지까지 했을까? 터키의 역사 교과서를 보면 답이 나온다. 거기에는 흉노가 터키 사람들의 조상이라고 쓰여 있다. 흉노는 본래 몽골 초원에 살던 유목민으로, 기원전 3세기부터 중국 왕조와 경쟁을 벌였다. 한 무제가 실크로드를 개척한 것도 흉노의 위협에 맞서 싸우는 과정에서 벌어진 일이었다. 터키 사람들은 한나라에게 밀려난 흉노의 일부가 서쪽으로 이동해서 지금의 터키까지 왔다고 생각한다.

흉노와 중국은 기원전 3세기부터 서기 2세기까지 무려 500년 동안 실크로드를 사이에 놓고 자웅을 겨루었다. 그러니까 고대 실크로드의 역사는 중국과 흉노가 벌인 대결의 역사라고 해도 지나친 말이 아니다. 이제부터 그 기나긴 싸움 속으로 들어가 보도록 하자.

항우를 이긴 유방도
흉노에게는 쩔쩔매다

중국은 오랫동안 춘추전국시대라는 분열의 시기를 겪었다. 그런 분열을 극복하고 오늘날 중국의 바탕을 마련한 사람이 진 (秦)의 시황제였다. 시황제는 자신이 묻힐 무덤을 비롯해 여러 가지 토목 공사를 벌인 것으로 유명하다. 그중에서도 가장 널리 알려진 것은 만리장성이다. 달에서 보이는 유일한 인공 구조물 이라고 알려진 만리장성은 바로 흉노의 침략을 막기 위해 쌓은 장벽이었다. 시황제는 몽골 초원에서 이따금씩 대군을 일으켜 중국 땅으로 쳐들어오는 흉노를 경계했다. 그래서 기원전 215 년 장군 몽염에게 30만 대군을 주어 흉노를 고비사막 북쪽으로 몰아낸 뒤 만리장성을 쌓았다.

그런데 진나라는 만리장성의 덕을 보지도 못하고 내부에서 반란이 일어나는 바람에 시황제가 죽고 얼마 안 있어 망하고 말 았다. 그때 반란을 일으킨 사람들 가운데 가장 세력이 큰 인물 이 항우와 유방이었다. 그 가운데 최후의 승자가 된 유방은 한

'진(Qin)'과 '차이나(China)'

중국어의 로마자 표기법에 따르면 '진'은 'Qin(친)'이 되는데, 서양 사람들이 중국을 가 리키는 'China(차이나)'라는 말이 바로 여기에서 왔다.

나라를 세웠다. 이처럼 대단한 유방에게도 흉노는 골칫거리였다. 진나라 때 고비사막 너머로 쫓겨났던 흉노는 혼란을 틈타 다시금 남쪽으로 내려와 간쑤성까지 깊숙이 팔을 뻗고 있었다.

유방은 황제의 몸으로 직접 32만여 명의 대군을 이끌고 흉노를 정벌하러 나섰다. 그리고 지금의 중국 산시성에 있던 백등산에서 묵돌 선우가 이끄는 흉노의 40만 대군을 만나 일대 접전을 펼쳤다. 하지만 한나라 군대는 흉노의 대군에게 상대가 되지 못했다. 유방은 흉노에게 포위되어 여차하면 꼼짝없이 죽을 위기에 몰렸다. 그때 유방은 흉노의 왕비에게 뇌물을 바치고 안개가 낀 틈을 이용해 포위망을 뚫고 가까스로 살아 나올 수 있었다. 포위당한 지 7일 만의 일이었다.

그런 일이 있고 난 뒤부터 한나라는 흉노에게 꼼짝을 하지 못했다. 유방은 얼마나 혼이 났던지 다시는 흉노와 싸우지 말라는 유언을 남기고 죽었다. 이후 다섯 명의 황제가 다스리는 동안 한나라는 흉노에 조공을 바치고 공주를 시집보내면서 겨우 평화를 유지할 수 있었다.

흉노와 한나라가 맺은 화친 조약

첫째, 한의 공주를 흉노 선우에게 의무적으로 시집보낸다.
둘째, 한이 매년 술, 비단, 곡물을 포함한 일정량의 공물을 바친다.
셋째, 한과 흉노가 형제맹약(兄弟盟約)을 맺는다.
넷째, 만리장성을 경계로 서로 상대 영토를 침범하지 않는다.

호랑이를 잡으려면 호랑이 굴에 들어가야 한다

'요령'을 얻지 못한 장건

그렇게 한나라가 흉노를 형님처럼 모시던 세월이 흐르고 제 7대 황제인 무제가 등극했다. 앞서 본 것처럼 무제는 더 이상 흉노에게 굽실거리며 살지 않겠다고 마음먹었다. 그때 흉노에게 쫓겨나 지금의 아프가니스탄까지 가 있던 대월지에 도움을 청하기 위해 무제가 보낸 인물이 앞에서 살펴보았던 장건이었다.

장건이 대월지를 향해 가는 길은 대부분 흉노가 차지하고 있었다. 따라서 흉노에게 발각되지 않기 위해 낮에는 숨고 밤에만 길을 가야 했다. 그러나 지리에 밝은 장건도 사막에 들어서자마자 금방 길을 잃고 말았다. 헤매다가 흉노에게 잡힌 장건은 무려 10년 동안이나 종살이를 해야 했다. 그동안 흉노 여인과 혼인까지 해서 아이들도 낳았다. 그래도 장건은 사명을 잊지 않았다. 마침내 탈출을 감행한 장건은 처자식과 몇 명 남지 않은 수행원을 데리고 서쪽으로, 서쪽으로 험난한 여정을 계속했다.

대월지가 옮겨 간 아프가니스탄과 한나라의 장안 사이에는 거대한 타림분지가 자리 잡고 있다. 북쪽은 천산산맥, 남쪽은 쿤룬산맥으로 둘러싸인 타림분지의 면적은 무려 한반도의 1.5배나 된다. 그 타림분지의 대부분을 차지하는 것이 타클라마칸 사막이다. 타클라마칸은 위구르 말로 '가면 돌아올 수 없는 곳'을 뜻한다. 그런 사막 가장자리를 따라 점점이 생명의 젖줄인 오아시스들이 있다. 바로 그 오아시스마다 작은 도시국가들이

쿠산 왕조의 왕
흉노에게 쫓겨난 대월지는 훗날 쿠산 왕조를 세웠다. 쿠산 왕조는 인도를 장악하고 대승불교를 번성케 했다.

형성되어 수십 개에 이르렀다.

장건은 그 가운데 여덟 나라를 거쳐 지금의 우즈베키스탄 페르가나에 있는 대완(大宛)에 도착했다. 대완은 당시에도 인구가 20만 명이나 되는 꽤 번성한 나라였다. 대완의 왕은 일찍이 한나라의 융성한 문화를 동경하던 사람이라 장건을 융숭히 대접했다. 그리고 병사들을 동원해 장건을 강거(康居, 지금의 타지키스탄)까지 안내하도록 배려했다. 또한 강거의 왕은 다시 사람을 붙여 장건 일행을 목적지인 대월지까지 인도해 주었다.

그렇게 10년 고생 끝에 찾아간 대월지였건만 그 나라의 여왕은 장건의 소망을 들어주지 않았다. 당시 대월지가 옮겨 가 살고 있던 아프가니스탄 지역은 먹을 것도 많고 살기도 좋았다. 그래서 대월지 사람들은 흉노에 대한 복수심은 잊어버리고 그

타클라마칸사막
신장위구르자치구에 위치하며 타림분지의 대부분을 차지하고 있는 사막. 면적이 한반도의 1.6배가 넘는 37만 평방킬로미터에 이른다.

곳에서 만족하며 살고 있었다. 흉노와 다시 전쟁을 벌인다는 것은 생각도 하기 싫었던 것이다.

우리는 어떤 사람이 일을 서툴게 하면 '요령이 없다'고 말한다. 역사상 처음 이 말을 들은 사람이 바로 장건이다. 한나라의 역사학자 사마천은 《사기》에서 아무 성과 없이 돌아가는 장건을 가리켜 "요령을 얻지 못했다(要領不得)."라고 썼다. 여기서 '요령'은 한나라와 동맹을 맺겠다는 대월지 여왕의 약속을 가리킨다. 죽을 고생을 하고도 요령을 얻지 못한 장건의 발걸음은 너무나도 무거웠다. 게다가 그는 돌아가는 길에 다시 한 번 흉노에게 잡혀 1년 더 고생을 해야 했다. 다행히 흉노에서 권력 다툼으로 내란이 일어나는 바람에 가까스로 탈출할 수 있었지만, 장안에 이르렀을 때 그의 곁에는 처자와 단 한 명의 수행원이 있었을 뿐이다.

장건은 요령이 없다는 말을 들은 첫 번째 인물이었지만, 그럼에도 불구하고 엄청난 역사적 성과를 이루었다. 장건이 가져온 풍부한 정보 덕분에 중국이 실크로드를 개척할 수 있었기 때문이다. 그 이후 장건은 장안 남쪽에 있는 박망(博望)이라는 곳을 다스리는 귀족이 되었고, 죽은 뒤 그곳에 묻혔다. 장건의 명성은 오늘날까지 이어져 그의 무덤은 2014년 유네스코가 지정한 실크로드 세계문화유산의 하나로 꼽혔다.

양관(둔황)에 있는 장건상
장건은 한나라 때 서역으로 가는 길을 개척한 대표적 인물이다.

한나라가 팔을 뻗어 서역과 통하다

장건이 10년이 넘도록 돌아오지 않자 무제는 더 이상 기다리지 않았다. 말 타고 싸우는 기병을 키우고 전쟁을 치를 비용을 마련해 흉노와 정면 대결을 펼쳤다. 그 선봉에 선 사람이 대장군 위청과 위청의 조카 곽거병이었다. 위청은 무제의 황후가 된 위자부라는 여인의 동생이고, 곽거병은 위자부의 언니가 낳은 자식이었다. 그러니까 무제에게 위청은 처남이고 곽거병은 처조카였다. 처음에는 외삼촌 위청을 따라 전쟁에 나가던 곽거병은 곧 어린 나이에 외삼촌 못지않게 뛰어난 장수가 되었다.

곽거병의 용맹과 지략이 얼마나 뛰어났던지, 무제는 스무 살밖에 안 된 그를 야전사령관이라 할 수 있는 표기장군에 임명했다. 곽거병이 즐겨 사용한 전략은 말을 타고 적진 깊숙이 빠르게 진격해 적의 심장부를 타격하는 것이었다. 본래 말 타기는

곽거병 묘비
한 무제의 무덤인 무릉에는 무제가 신임한 최고의 장수 위청과 곽거병을 비롯해 약 30명의 무덤이 배장(陪葬)되어 있다. 그중에서도 곽거병의 묘는 중요한 위치를 차지한다.

호랑이를 잡으려면 호랑이 굴에 들어가야 한다

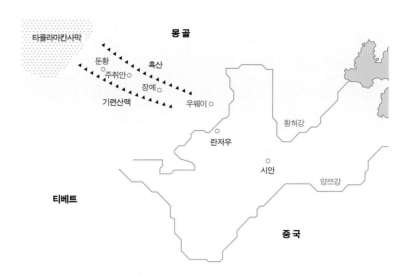

타클라마칸사막

몽골

둔황
주취안 ○   흑산
장예 ○
기련산맥   우웨이 ○

황허강

란저우 ○

시안 ○

양쯔강

티베트

중국

**한 무제가 황허강 서쪽 길의
네 도시에 설치한 하서 4군**

흉노의 장기였다. 그런데 곽거병은 바로 그 말 타기로 흉노를
무찔렀다. 기원전 119년(무제 22)에는 오늘날 몽골의 수도인 울
란바토르 부근까지 진격해 흉노를 섬멸하고, 그곳에 있는 켄티
산에서 하늘에 제사를 올렸다. 이것은 한나라 군대가 흉노에게
거둔 가장 큰 승리였다.

곽거병의 활약에 힘입어 한나라는 흉노를 고비사막 북쪽으
로 밀어붙이고 지금의 간쑤성과 칭하이성을 차지했다. 간쑤성
과 칭하이성 사이에는 길이가 900킬로미터에 이르는 길이 산맥
과 사막을 끼고 달린다. 그 모습이 꼭 복도 같다고 해서 '하서주
랑(河西柱廊)'이라 불린다. 하서는 황허강 서쪽이란 뜻이고 주랑
은 복도를 뜻한다. 그러니까 황허강 서쪽의 복도 같은 길이라는
말이다.

기원전 106년(무제 35) 한나라는 하서주랑을 따라 늘어선 우
웨이, 장예, 주취안, 둔황 등 네 도시에 하서 4군을 설치했다. 2

년 전(기원전 108) 고조선을 정벌하고 그곳에 4군을 설치한 것과 마찬가지다. 무제가 고조선을 정벌한 것은 고조선이 한반도 남부의 진국(辰國)과 한의 교역을 가로막고 흉노와 제휴해 한을 위협하려 했기 때문이다. 그렇게 보면 한국인 처지에서는 흉노를 물리친 곽거병의 무용담이 마냥 달가울 수만은 없는 셈이다.

하서 4군 가운데 장예(張掖)를 우리 식 한자음으로 읽으면 '장액'이다. 이것은 '장국비액 이통서역(張國臂掖 以通西域)'이라는 말에서 왔다. '나라의 팔을 뻗어 서역과 통했다'는 뜻이다. 옛 지도를 보면 알 수 있지만 하서주랑을 흉노가 차지하고 있을 때는 마치 흉노가 팔을 쭉 뻗어 한나라를 위협하고 있는 모양이었다. 그런데 위청과 곽거병이 나서서 그 흉노의 팔을 잘라내 버리자, 하서주랑은 이제 거꾸로 한나라가 서쪽을 향해 뻗은 팔 모양이 되었다. 이렇게 하서주랑을 차지함으로써 한나라는 서역으로 가는 통로를 확보할 수 있었다. 장예라는 도시의 이름에는 바로 그와 같은 역사가 깃들어 있다.

한나라가 팔을 쭉 뻗는 데 가장 큰 기여를 한 장수는 곽거병이다. 그러나 용맹하기 짝이 없던 곽거병은 뜻밖에도 몸이 약했다. 그의 이름 거병(去病)은 그를 아끼던 무제가 '병을 없애라'는 뜻에서 내려 준 것이었다. 그러나 청년 장수 곽거병은 병을 이기지 못하고 스물넷의 젊은 나이에 세상을 떠났다. 무제는 그의 죽음을 비통해 하면서 철갑병들을 동원해 장안부터 곽거병의 무덤까지 이르는 길에 늘어서도록 했다. 젊은 장수의 마지막

호랑이를 잡으려면 호랑이 굴에 들어가야 한다

가는 길을 지켜 주기 위해서였다. 무제의 무덤인 무릉 곁에 있는 곽거병의 묘는 그가 정복했던 기련산 모양을 하고 있다. 이 무덤 앞에는 괴물처럼 생긴 흉노를 말이 밟고 있는 석상이 우뚝 서 있다. 이 석상이 중국의 국보급 유물로 받들어지고 있으니 중국 사람들에게 흉노가 얼마나 끔찍한 적이었는지 잘 알 수 있다. 아마도 곽거병의 활약으로 흉노를 밀어내지 않았으면 오늘날 우리가 알고 있는 강대국 중국은 없었을지도 모른다.

곽거병 묘 앞에 있는 석상
말이 흉노를 밟고 있는 모습을 표현했다.

범을 잡으려고
범굴로 들어간 반초

흉노를 고비사막 북쪽으로 밀어내면서 실크로드는 한나라 차지가 되었다. 앞에서도 말한 것처럼 실크로드는 타클라마칸사막 주변의 오아시스 도시들을 잇는 길을 말한다. 한나라 때는 그러한 오아시스 도시들이 서른여섯 개 있었다고 해서 흔히 '서역 36국'이라고 한다. 한나라는 타클라마칸사막 북쪽 길 초입에 있는 오루성에 '서역도호부'라는 사령부를 두고 서역 36국을 지배했다.

그렇다고 해서 흉노가 완전히 몽골 초원으로 밀려나서 다시는 실크로드에 얼씬도 못한 것은 아니다. 실크로드를 둘러싼 한나라와 흉노의 대결은 계속되었다. 게다가 한나라는 서기 8년에 잠시 망했다가 16년 후 다시 세워졌는데, 예전의 한나라를 '전한(前漢)'이라 하고 다시 세워진 한나라를 '후한(後漢)'이라 한다. 전한에서 후한으로 이어지는 혼란기에 흉노는 다시금 실크로드로 세력을 뻗어 왔다.

전한에 장건이라는 실크로드의 영웅이 있었다면 후한에는 반초가 있었다. 반초는 전한의 역사를 기록한 《한서》를 쓴 반고의 동생이다. 형이 역사책을 쓸 만큼 진득한 학자였던 반면, 반초는 책상머리에 앉으면 좀이 쑤시는 활동가형 인물이었다. 어느 날 그런 반초의 귀에, 흉노가 쳐들어와 사람과 가축을 노략질한다는 소문이 들렸다. 반초는 기다렸다는 듯이 붓을 집어던지면서 말했다.

"사내대장부라면 장건처럼 변경에 나가 큰 공을 세워야지 이렇게 집구석에 처박혀 밤낮 글만 베끼다니, 이게 어디 사내대장부가 할 짓인가?"

반초는 군인이 되어 공을 세우기로 결심하고 두고(竇固)라는 장군 밑으로 들어갔다. 반초를 눈여겨본 두고는 그를 선선(鄯善)이라는 오아시스 국가로 보냈다. 선선은 이 시기에 흉노에게 귀

서역 관문인 철문관의 반초상
전한의 장건과 마찬가지로 후한에서는 반초가 실크로드를 개척했다.

호랑이를 잡으려면 호랑이 굴에 들어가야 한다

순해 있었다.

반초는 서른여섯 명의 수행원과 함께 선선에 들어갔다. 선선 왕은 재물을 갈취해 가는 흉노에게 감정이 좋지 않았으므로 반초를 반갑게 맞아 주었다. 그런데 며칠이 지나자 갑자기 왕의 태도가 냉랭해졌다. 이상하게 여긴 반초는 왕의 시종에게 무슨 일이 있느냐고 물었다. 시종은 마침 흉노의 사신들이 와서 왕이 누구의 말을 들어야 할지 갈팡질팡하고 있다고 알려 주었다. 반초는 어떻게 할 것인지 수행원들과 상의하면서 이렇게 말했다.

"호랑이 굴에 들어가지 않고 어떻게 호랑이 새끼를 잡을 수 있겠는가?"

그러고는 밤을 틈타 흉노 사신이 머물고 있던 막사에 불을 지르고 기습 공격을 해서 흉노 사신들을 모조리 죽였다. 이튿날 반초는 선선 국왕을 찾아가 흉노 사신들의 머리를 보여 주었다. 이 사건에 대해 중국 역사책에는 선선 국왕이 반초의 비범한 용기를 찬양하면서 흉노와 관계를 끊고 한나라를 따르겠노라 약속했다고 쓰여 있다. 과연 그랬을까? 외교 관례를 무시하고 만행을 저지른 반초 일행에게 기가 질려 어쩔 수 없이 무릎을 꿇은 건 아니었을까?

누란의 금발 미라
선선은 오늘날 누란이라고 불리는 도시국가로, 금발의 여성 미라가 발견되어 화제가 된 곳이다. 수천 년 전에 묻힌 시신의 미라가 금발이라는 것은 옛날 이곳에 살던 사람들이 유럽 계통의 백인이었다는 뜻이다.

흉노는 문자가 없었기 때문에 이 사건에 대한 기록을 남기지 않았다. 이 문제에 대한 판단은 여러분에게 맡긴다.

이처럼 무모할 정도로 용감한 반초의 활약으로 한나라는 서쪽으로 세력을 더욱 확장했다. 오루성에 있던 서역도호부는 더 서쪽에 있는 쿠차로 옮겨 갔다. 그리고 한나라의 영향력은 지금의 중국 땅을 넘어 카스피해와 바그다드 부근까지 뻗쳤다. 반초는 거기서 그치지 않고 서쪽 끝에 있는 거대한 제국과 직접 교역로를 열고자 했다. 당시 중국인이 대진(大秦)이라고 부르던 그 제국은 바로 로마였다. 동쪽의 한나라와 서쪽의 로마 제국이 서로 접근해 간 이야기는 앞에서 했으니 기억을 되살려 보기 바란다.

반초의 이야기를 하다 보니 한나라와 흉노의 대결에서 결국 승리한 것은 한나라인 것만 같다. 그러나 그것은 반초가 살아 있을 때의 이야기였다. 반초 때의 한나라, 즉 후한은 동한(東漢)으로도 불렸는데, 그것은 수도를 전한 때의 장안에서 동쪽의 낙양으로 옮겼기 때문이다. 반초는 나이가 들자 낙양으로 돌아와 서기 100년(화제 12)에 죽었다. 그 무렵부터 흉노는 다시금 거세게 실크로드를 공략해 왔다. 그리고 7년 만에 한나라는 쿠차에 있던 서역도호부를 포기하고 철수했다. 실크로드가 흉노에게 넘어간 것이다. 반초가 호랑이 굴로 들어가 호랑이 새끼를 잡았을지는 모르지만 호랑이는 건재했던 셈이다.

쿠차의 수비시 사원 터
후한의 서역도호부였던 쿠차에는 먼 옛날 구자국(龜玆國)이라는 고대 오아시스 도시국가가 있었다.

호랑이를 잡으려면 호랑이 굴에 들어가야 한다

6

신라의 왕은
흉노의 후손일까?

삼국 시대의 실크로드

문무대왕릉 경주시 양북면 동해안에서 200미터 떨어진 바다에 있다. 경주에서 발견된 문무대왕릉비에는 신라와 흉노의 관계를 상상케 하는 문구가 새겨져 있다.

한국에는 김씨가 많다. 그래서 김씨는 오랜 옛날 이 땅에서 생겨난 토착 성씨임에 틀림없다고 생각하는 사람이 많다. 그러나 다르게 생각하는 사람들도 있다. 그 사람들에 따르면 김씨의 조상은 아득하게 먼 옛날 북아시아의 유목 세계에서 왔다. 김씨의 선조가 북아시아에서 말 달리던 유목민이라고 생각하는 사람들은 김수로나 김알지의 탄생에 얽힌 신화를 유목 세계와 연결 지어 풀이한다. 여러 가지 풀이 가운데 한 가지만 이야기하자면, 김씨는 '쇠 금(金)' 자를 쓰는데 스키타이나 흉노 같은 유목민이 황금을 좋아한 종족이라고 한다. 실제로 스키타이나 흉노의 유물을 보면 신라, 가야의 무덤에서 나오는 금관이나 장신구와 비슷한 것들이 제법 있다. 더욱이 이 유목민들이 활약하던 지역을 가리키는 '알타이'는 황금을 뜻하는 말이다.

이야기가 여기에 이르면 우리 역사의 범위가 갑자기 유라시아 대륙 차원으로 넓어지면서 무한한 상상력이 발휘될 것 같은 느낌이 든다. 그 느낌을 잃지 말고 이제부터 실크로드를 따라 펼쳐지는 김씨들의 옛날이야기를 잘 따라오기 바란다.

황금 궤짝에서 나온 김씨의 조상

신라의 천년 고도 경주에는 계림(鷄林)이라는 유적지가 있다. 경주 김씨의 시조인 김알지가 처음 나타났다고 하는 전설이 내려오는 곳이다.

계림에 김알지가 나타난 내력은 다음과 같다. 서기 65년(탈해 이사금 9)에 경주의 서쪽 시림(始林)이라는 숲에서 닭의 울음소리가 났다. 탈해 이사금이 신하인 호공(瓠公)에게 가서 알아보라고 했다. 호공이 가 보니 나뭇가지에 금궤가 걸려 있는데 거기서 빛이 나고 있었다. 그런가 하면 나무 밑에서는 흰 닭이 울고 있었다. 호공은 즉시 궁궐로 돌아가 탈해 이사금에게 자신이 본 것을 보고했다. 그러자 탈해 이사금은 직접 시림으로 가서 금궤를 열었는데, 그 안에서 잘생긴 사내아이가 나왔다.

그때부터 시림은 닭이 운 숲이라고 해서 '닭 계(鷄)'자를 넣은 계림으로 이름이 바뀌었다. 탈해 이사금은 사내아이에게 금궤에서 나왔다는 뜻으로 '김(金)'씨 성을 하사하고 '알지'라는 이름을 붙였다. 탈해 이사금이 데려다 키운 김알지는 총명하고 지략이 뛰어난 인재로 성장했다.

도대체 누가 계림의 나뭇가지에 금궤를 걸어 놓았고, 금궤 안에는 왜 사내아이를 넣어 둔 것일까? 단군 신화만큼은 아니라 해도 이런 이야기를 곧이곧대로 믿기는

금궤도

1656년 조선 후기의 화가 조속(趙涑)이 김알지의 탄생 설화를 그린 그림. 나뭇가지에 걸린 금궤를 쳐다보고 있는 흰색의 닭, 닭 우는 소리를 찾아 계림으로 간 호공과 시종의 모습이 나타나 있다.

곤란하다. 그러나 신라에서 가장 많은 왕을 배출한 김씨 가문의 유래에 관해 무언가를 말해 주는 이야기인 것만은 분명하다. 그게 무엇일까?

유감스럽게도 아직까지 김알지 설화의 역사적 의미를 만족스럽게 풀어 주는 해설은 없다. 그런 가운데, 아니 그렇기 때문에, 수많은 사람들이 저마다 다른 해설을 던지고 있다. 그중에는 앞서 살펴본 것처럼 김알지의 등장을 북방 유목민의 이동과 관련시켜 설명하는 사람들도 있다. 계림에 금궤가 나타난 이야기는 황금의 문화를 가진 유목민이 만주를 거쳐 한반도로 내려와 경주에 이른 사실을 은유적으로 나타냈다는 것이다.

그러나 스키타이나 흉노 같은 유목민이 어떻게 그 넓은 유라시아 대륙을 가로질러 한반도에서도 외진 경주 땅까지 오게 되었는지 알려 주는 자료는 거의 없다. 그런 가운데 흉노가 경주 김씨의 조상일 가능성을 보여 주는 유물이 경주에서 발굴되어 논란이 일어났다.

흉노 왕자 김일제는 문무왕의 조상?

2009년 경주에서 문무왕릉비가 발견되었다. 문무왕은 죽어서 바다에 묻힌 신라의 왕이다. 지금도 경주 동쪽의 감포라는 바닷가에 가면 바위로 둘러싸인 문무왕의 해중릉(海中陵)이 멀리 보인다. '해중릉'은 말 그대로 바다 한가운데 있는 무덤이다.

신라의 왕은 흉노의 후손일까?

서역이 반한 '황금의 나라' 신라

삼국 시대 신라의 무덤을 파기만 하면 지중해와 서아시아에서 볼 수 있던 보물들이 한가득 쏟아져 나왔다. 수천 킬로미터나 떨어져 있던 신라와 지중해 사이에 무슨 일이 있었던 것일까? 통일신라로 접어든 뒤에는 때맞춰 아랍, 이란, 중앙아시아로 뻗어 나간 이슬람 문화의 자취가 곳곳에 어려 있다. 무슬림(이슬람교도) 사이에, 한번 들어가면 반해서 눌러살게 된다고 알려졌던 '황금의 나라' 신라로 안내한다.

흉노 왕의 금관과 금사슴 장식
세계 각지에서 발견된 고대 사회의 금관은 다 합해서 10점인데, 그 가운데 황남대총에서 나온 이 금관을 비롯한 6점이 신라 무덤에서 나왔다.

서역에서 유행한 황금 장식 보검
경주 미추왕릉 지구에서 나온 이 보검은 그리스, 로마, 이집트, 서아시아에서 유행한 형식이다. 특히 5세기 훈족의 아틸라 왕 때 유행했다고 전한다.

상감옥 목걸이
미추왕릉 지구에서 발견된 옥 목걸이. 구슬 하나를 확대해 보면 웃고 있는 서역인의 얼굴이 또렷이 도드라진다.

로만 글래스
황남대총에서 나온 이 유리 그릇들은 남러시아와 서아시아에서 출토된 유리 제품과 모양이나 제작 기법이 비슷하다. 키 큰 물병은 지중해 지방에서 포도주를 담는 데 쓰던 오이노코에와 같다.

스키타이와 흉노도 사용한 뿔잔
미추왕릉 지구에서 나온 것으로 지중해, 서아시아, 북중국 등에 분포한다.

삼국을 통일한 문무왕이 바다에 묻힌 것은 바다의 용이 되어 동해로 쳐들어오는 못된 왜적의 무리들을 혼내 주겠다는 뜻에서였다.

그런데 그 해중릉에 있어야 할 비석이 육지를 떠돌다가 21세기 들어서야 발견된 것이다. 여기저기 깨진 데다 닳아서 비석에 새겨진 글씨가 잘 보이지는 않지만 그래도 일부 읽을 수는 있다. 그 가운데 "투후(秺候) 제천지윤(祭天之胤)이 7대를 전하니"라는 문장이 보인다. 그 문장 다음에는 닳아 없어진 몇 글자에 이어 '(문무왕의) 15대조 성한왕(星漢王)' 이야기가 나온다.

여기 나오는 투후란 지금의 중국 산둥성 청우현 지역을 가리키는 투(秺) 지방을 다스리는 제후를 말한다. 중국 역사에서 투후라 하면 한 무제가 책봉한 김일제(金日磾)라는 사람을 가리킨다. 문무왕릉비에 나오는 투후가 이 김일제라면 그가 문무왕의 15대조인 성한왕의 조상이 되고, 나아가 문무왕의 조상이 되는 셈이다. 고조선을 멸망시킨 한 무제의 신하가 삼국을 통일한 문무왕의 조상이라면 이건 자랑스러운 일일까, 수치스러운 일일까?

이렇게 느닷없이 신라 김씨 왕들의 조상 후보로 떠오른 김일제에 대해 좀 더 알아보자. 우리는 앞서 기원전 121년(무제 20) 스무 살의 한나라 표기장군 곽거병이 흉노를 대대적으로 공격한 이야기를 했다. 그때 지금의 우웨이라는 곳에 주둔하고 있던 흉노 진영에서는 내분이 일어났다. 그리고 혼야왕이라는 흉노 귀

신라의 왕은 흉노의 후손일까?

중국 간쑤성 우웨이의 역사 전시관에 마련된 김일제 모형
흉노의 왕자였던 김일제는 자신을 거두어 준 무제에게 충성을 다했다. 우웨이는 김일제의 고향으로, 한 무제는 이곳을 점령한 뒤 하서 4군 중 하나를 세웠다.

족이 다른 흉노 귀족 휴도왕을 죽이고 왕족들과 함께 한나라에 항복했다. 당시 휴도왕의 아들은 겨우 열네 살의 어린 나이로 한나라 군대에 끌려가 마구간에서 말을 돌보는 일을 하게 되었다. 그가 바로 김일제다.

한 무제는 어느 날 궁궐에서 김일제를 보고 그의 생김새가 범상치 않다고 여겨 자신의 신하로 들였다. 그에게 김씨 성을 하사한 것도 무제였다. 아버지를 죽게 만든 흉노에 대해 배신감을 느껴서일까, 김일제는 무제에게 충성을 다 바쳤다. 그래서 투후라는 높은 지위도 얻었고 죽은 뒤에는 무제의 무덤 옆에 묻힐 수 있었다. 문무왕릉비문에서 '투후'라는 글자가 발견된 뒤로 김일제의 무덤은 한국인이 시안을 여행할 때 가장 많이 방문하는 곳 가운데 하나가 되었다.

그렇다면 이렇게 시안에 묻힌 김일제의 후손이 어떻게 중국을 떠나 신라까지 오게 되었다는 말일까? 그 내력을 상상하게 해 주는 또 다른 비문이 시안의 비림 박물관에 있다. '대당고김씨부인묘명(大唐故金氏夫人墓銘)'이라는 이 비문은 864년(경문왕 4) 5월 29일 32세로 사망한 김씨 부인의 묘지명이다. 그녀는 당나라로 이주한 신라 사람 김충의의 손녀라고 한다. 묘지명에 따르면 김씨 부인의 가문은 중국 신화에 나오는 소호금천씨(少昊金天氏)에서 시작해 투후 김일제로 이어졌다. 그런데 전한이 망하고 세상이 혼란스러워지자 김일제의 후손들은 요동 지방에 숨어 살다가 번성하게 되었다는 것이 묘지명의 요지이다.

전한을 멸망시키고 신(新)이라는 나라를 세운 사람은 왕망이
었다. 그런데 김일제의 후손들은 이 왕망의 가문과 사돈을 맺고
있었다. 그러다가 신이 멸망하고 후한이 들어섰으니 김일제의
후손들이 온전할 리가 없었다. 그들은 후한의 보복을 피해 여
러 갈래로 흩어졌다. 김일제가 신라 김씨 왕실의 조상이라고 믿
는 사람들은 바로 그때 김일제 후손의 일부가 한반도로 넘어왔
다고 추측한다. 그리하여 일부는 가야로 들어가 김해 김씨의 조
상이 되고 일부는 신라로 들어가 경주 김씨의 조상이 되었다는
것이다. 김알지는 바로 그런 과정을 거쳐 경주의 계림에 나타난
것이라고 설명하는 사람도 있다.

김일제가 아니라도 신라는 위대한 나라

김일제가 신라 김씨 왕실의 조상이라고 믿는 사람들은 문
무왕릉비문에 나오는 '성한왕'이 바로 김알지라고 믿는다. 비
문에 성한왕이 문무왕의 15대조라고 쓰여 있으니 대충 계보도
맞는다.

그러나 역사학계는 대체로 김일제가 신라 김씨 왕실의 조상
이라는 데 동의하지 않는다. 우선 문무왕릉비문을 자세히 보면
'秺(투)'라는 글자는 확인하기 어렵다. 그리고 설령 그것이 투후
김일제를 가리킨다고 하더라도 그의 이야기를 왕릉의 비문에
쓴 것이 투후가 신라 왕실의 조상이기 때문은 아니라고 한다.

신라의 왕은 흉노의 후손일까?

옛날 우리 조상은 중국 역사에 나오는 훌륭한 사람들에 빗대 자신을 높이곤 했다. 투후 김일제가 중국에서 꽤 유명한 사람이었기 때문에 그의 사례를 들어 신라 왕실의 권위를 드높이려 했을 뿐이라는 것이다.

신라는 한반도를 통째로 집어삼키려는 당나라의 야욕에 맞서 8년이나 전쟁을 벌인 끝에 삼국 통일을 이룩한 나라였다. 바로 그 삼국 통일을 완성한 사람이 문무왕이다. 그런 위대한 나라, 위대한 군주의 조상이 흉노의 왕자이자 한 무제의 신하였던 김일제라는 주장은 사실일 수도 있다. 그러나 그 사실이 신라에게, 문무왕에게, 나아가 우리 모두에게 자랑스러운 일이라고 말할 수는 없을 것이다. 신라는 다른 어떤 전설을 갖다 붙일 필요도 없이 그 자체로 위대한 나라였으니까.

김일제 묘
김일제는 무제의 유훈(遺訓)을 받들어 그의 아들 소제를 보필했다. 그의 무덤은 위청, 곽거병 등의 묘와 함께 무릉에 배장되어 있다.

7

돌궐이라 쓰고
터키라고 읽는다

실크로드를 둘러싼 당과 돌궐의 대결

터키 이스탄불의 루멜리 히사르 성벽 1452년 터키의 전신(前身)인 오스만 제국의 술탄 메흐메트 2세가 동로마 제국을 감시하기 위해 보스 포루스 해협에 지은 요새. '루멜리'는 터키의 유럽 쪽을 가리킨다.

터키는 유럽과 아시아에 걸쳐 있는 나라이다. 그래서인지 터키 사람들의 외모는 유럽 인종과 아시아 인종을 섞어 놓은 듯하다. 언어도 우리말과 어순이 비슷한 데다 6·25 전쟁 때 우리를 도와줬다는 이유로 왠지 터키는 친숙하게 느껴진다.

그런데 터키와 중국은 별로 사이가 좋지 않다. 터키 사람들이 중국에 항의하는 시위를 벌이기도 한다. 중국이 신장위구르자치구의 위구르족을 박해한다는 이유에서다.

도대체 중국의 소수 민족인 위구르족과 터키 사람들이 무슨 사이기에 위구르족이 중국에서 겪는 고난 때문에 터키 사람들이 시위를 할까? 터키 사람들은 중국의 신장위구르자치구에 사는 위구르족이나 그 서쪽의 아제르바이잔, 우즈베키스탄, 카자흐스탄 등의 주민들을 형제 민족으로 생각한다. 그리고 그들이 사는 중앙아시아 지역을 가리켜 '투르키스탄'이라고 부른다. '터키의 땅'이라는 뜻이다.

그렇다면 터키인과 '투르키스탄'에 사는 여러 민족은 무슨 관계가 있을까? 이 질문에 오늘날 중앙아시아를 이해하는 비밀이 숨겨져 있다. 그리고 그 비밀을 푸는 열쇠는 옛날 '투르키스탄'을 지배했던 돌궐(突厥)이라는 제국이다.

당나라와 실크로드의
패권을 놓고 겨루다

앞에서 우리는 터키인들이 흉노를 자신들의 조상으로 여긴 다는 사실을 알았다. 그런데 터키인들이 조상으로 여기는 옛 나라가 또 하나 있다. 바로 돌궐이다. 흉노와 돌궐이 어떤 관계인 지는 잘 알 수 없지만 둘 사이에는 분명한 공통점이 있다. 바로 실크로드를 놓고 중국 왕조와 오랜 세월 대결을 벌인 유목민 국가라는 점이다.

흉노가 한나라와 대결했다면 돌궐은 당나라와 대결했다. 흉노의 일부가 한나라에 밀려 서쪽으로 이동했던 것처럼 돌궐의 일부도 당나라에 밀려 서쪽으로 이동했다. 그때 흉노나 돌궐이 나 종착지는 지금의 터키였다고 터키 사람들은 생각하고 있다.

흉노는 그 이름만 놓고 보면 터키하고 무슨 관계인지 알기 어렵다. 그러나 돌궐은 이름만으로도 터키와 관계가 있다는 걸 알 수 있다. '돌궐(突厥)'은 오늘날의 중국어로 읽으면 '투제'가 되는데 옛날에 이 말은 '튀르크'를 한자로 표기한 것이었다고 한다. 오늘날 터키 사람들이 자기 나라를 일컫는 말이 바로 '튀르크'이고, '터키'는 튀르크를 영어식으로 발음한 것이다.

그렇다면 돌궐이 흉노에 이어 유라시아 유목 지대에서 두각을 나타내기 시작한 것은 언제일까? 대체로 서

위구르 왕자
중국 간쑤성 둔황의 모가오 굴 9
호굴에서 발견된 벽화로 베를린
다렘 박물관에 소장되어 있다.

기 6세기 후반의 일이었다. 흉노가 사라져 버린 유목 지대를 한동안 지배한 것은 몽골 계통의 유연이라는 유목민 국가였다. 유연은 당시 만주를 차지하고 있던 고구려하고도 자주 충돌하곤 했다. 돌궐은 바로 그 유연의 지배를 받다가 551년(고구려 양원왕 7) 들어 독립을 선언했다. 그러고는 거침없이 세력을 키워 유연을 정복하고, 몽골 고원으로부터 중앙아시아에 이르는 넓은 지역을 다스리게 되었다.

흉노 때 그랬던 것처럼 유목 지대를 통일한 제국이 등장하자 중국은 긴장했다. 돌궐이 유목 세계를 통일할 무렵 때마침 중국도 400년 가까운 분열을 끝냈다. 한나라가 멸망한 뒤 갈가리 찢겼던 중국 대륙을 통일한 왕조는 수(隋)나라. 아마 여러분도 많이 들어 본 나라일 것이다. 백만 대군을 일으켜 고구려에 쳐들어왔다가 을지문덕 장군에게 살수대첩을 당했던 그 나라니까.

수나라를 세운 문제는 그 옛날 진시황처럼 군대를 일으켜 싸우는 대신 돌궐을 둘로 가르는 이간책을 썼다. 돌궐 안에서 동쪽의 몽골 고원을 다스리는 세력과 서쪽의 중앙아시아를 다스리는 세력 간에 알력이 있었기 때문이다. 이러한 수 문제의 이간책이 효과를 발휘해 돌궐은 동돌궐과 서돌궐로 갈라지고, 그 가운데 동돌궐은 수나라에 항복하고 말았다.

그러나 진시황에게 쫓겨났던 흉노가 진나라의 멸망을 틈타 세력을 회복했던 것처럼, 수나라가 망하자 돌궐도 세력을 회복했다. 동돌궐과 서돌궐이 다시 합친 것은 아니지만, 두 개의 돌궐이 유목 지대를 평정하고 중국의 혼란을 기회로 삼아 실크로드를 넘보게 되었다.

바로 그때 중국의 혼란을 잠재우고 두 개의 돌궐과 맞선 왕조가 그 유명한 당나라이다. 마치 진나라가 멸망한 뒤 찾아온 혼란을 한나라가 잠재우고 흉노와 맞섰던 것과 비슷하다. 한나라에서 흉노와 싸운 황제가 무제였다면 당나라에서 돌궐과 싸운 황제는 태종이었다. 수 양제처럼 고구려에 쳐들어왔다가 혼쭐이 나서 돌아간 바로 그 당 태종이다.

태종은 고구려한테는 호되게 당했지만 돌궐과 실크로드의 지배권을 놓고 싸울 때는 승승장구했다. 황제 자리에 오른 지 4년 만에 동돌궐을 멸망시키고 실크로드 동쪽을 확실하게 차지했다. 그리고 태종이 다져 놓은 군사력에 힘입어 그의 아들인 고종 때에는 서돌궐마저 멸망시켰다. 그리하여 한나라 때에 이어 다시 한 번 중국은 중앙아시아에 이르는 실크로드를 온전히 지배할 수 있게 되었다.

돌궐과 고구려는 친구

돌궐은 중국 왕조와 실크로드를 놓고 겨루다 둘로 나뉘고 끝내 둘 다 멸망했다. 돌궐을 멸망시키고 실크로드를 지배한 당나라를 가리켜 중국인은 역사상 가장 위대한 왕조라고 평가한다.

서돌궐이 멸망한 것은 657년의 일이다. 여러분은 우리 역사를 배웠기 때문에 기억을 잘 되살려 보면, 그때 우리나라에서는 어떤 일들이 벌어지고 있었는지 짐작할 수 있다. 정확히 3년 후 당나라는 신라와 손잡고 백제를 멸망시킨다. 그리고 668년에는 고구려마저 무너뜨린다. 그러니까 당나라는 서쪽으로 돌궐을 제압하고 동쪽으로 백제, 고구려를 쓰러뜨리면서 천하통일을 이룩해 나가고 있었던 것이다.

앞서도 당 태종이 고구려에 쳐들어왔었다는 이야기를 했지만, 그 후로도 당나라는 끊임없이 고구려의 성문을 두들겼다. 그때마다 고구려는 보란 듯이 당나라군을 격퇴했지만, 끝내는 연개소문의 아들들이 권력을 놓고 싸우다가 힘이 약해지는 바람에 항복하고 말았다.

그렇다면 같은 시대에 당나라와 싸우다가 멸망한 고구려와 돌궐의 사이는 어땠을까? 앞서 우리는 한나라와 싸우던 고조선과 흉노가 서로 연합 전선을 펴려고 했었다는 사실을 알았다. 고구려와 돌궐도 그랬다. 적의 적은 친구니까. 더욱이 당나라는 중국 역사상 가장 부강한 왕조라는 소리를 들을 만큼 강한 나라였기 때문에 고구려와 돌궐은 힘을 합칠 수밖에 없었을 것이다.

오늘날에도 어떤 나라의 지도자가 죽어서 장례를 치를 때 조문 사절을 보내는 나라는 그 나라와 친하다고 볼 수 있다. 적어도 적은 아니다. 그런데 옛날에 고구려가 돌궐에 바로 그런 조문 사절을 보낸 적이 있었다. 그것을 알려 주는 기록은 역사책이 아니라 몽골의 오르콘강 유역에 세워진 비석에 남아 있다.

돌궐이라 쓰고 터키라고 읽는다

쌍영총의 모줄임천장
평안남도 남포시에 있는 고구려 벽화고분. 네 귀에서 세모
의 굄돌을 걸치는 식으로 모를 줄여 가며 올리는 천장이 특
징이다.

막고굴의 모줄임천장
중국 둔황 막고굴 249굴의 천장에서도 모줄임 양식을 찾아
볼 수 있다.

그 비석은 퀼 테긴이라는 돌궐 장군의 업적을 추모하는 것으로 732년에 세워졌다. 그런데 732년이라면 고구려가 멸망한 뒤로도 60년이 훌쩍 지난 다음이다. 물론 동서 돌궐이 다 멸망하고 난 다음이기도 하다. 도대체 어떻게 된 일일까?

고구려가 멸망한 뒤 고구려를 계승하는 발해가 다시 일어난 것처럼, 동서 돌궐이 멸망한 뒤에도 돌궐을 계승하는 나라가 다시 세워졌다. '후돌궐'이라고도 하는 이 나라를 세우는 데 공을 세운 이가 바로 비석의 주인공인 퀼 테긴이다. 그렇다면 그를 추모하는 비석에 기록된 고구려 조문 사절단은 발해의 사절단을 말하는 것일까?

그렇지는 않다. 퀼 테긴의 비문에는 그 옛날 유목 지대의 지배자가 되어 실크로드를 지배하던 돌궐의 찬란한 역사가 다 적혀 있다. 그리고 553년 자기네 조상이 죽었을 때 조문 사절을 보낸 열 개 나라를 나열하고 있는데 그 가운데 고구려도 있고 동로마 제국도 있다. 유라시아 대륙의 심장부를 지배한 돌궐답게 서쪽의 동로마 제국으로부터 동쪽의 고구려에 이르기까지 중요한 나라들이 모두 조문을 한 셈이다. 그리고 200년 가까운 세월이 흐른 뒤에까지도 그 사실을 기억하고 있었던 것이다.

퀼 테긴 비석
퀼 테긴은 후돌궐을 일으켜 세운 뒤 자신의 형인 빌게 카간을 옹립하고 천하를 호령했다. 비문은 돌궐어와 한자로 쓰여 있다.

돌궐이라 쓰고 터키라고 읽는다

터키는 친구들도 많네

고구려를 비롯한 유라시아 각국과 폭넓은 관계를 맺었던 돌궐이 스러지자 돌궐 사람들은 중앙아시아 곳곳으로 흩어졌다. 그러면서 다른 부족을 정복하기도 하고 혼혈을 이루기도 하면서 여러 민족으로 나뉘었다. 오늘날 중앙아시아 지역에 사는 대부분의 민족은 돌궐, 즉 튀르크의 후예로 여겨지곤 한다.

그렇다면 돌궐 계통의 민족은 어떤 사람들일까? 우선 자타가 공인하는 돌궐의 후예 터키가 있다. 돌궐 가운데 서쪽으로 이동한 사람들 중 일부는 지금의 터키 땅으로 들어가 나라를 세웠다. 역사 속에 등장하는 그들의 나라가 셀주크 튀르크이다. 셀주크 튀르크는 이슬람교를 받아들이고 이슬람 세계를 지배하게 되었다. 12세기 말부터 유럽 사람들이 이슬람 세계로 원정을 떠난 십자군 전쟁에 대해 들어 보지 못한 독자는 거의 없을 것이다. 그때 로마 교황이 유럽의 왕들에게 십자군을 일으키자고 호소한 것은 기독교의 성지인 예루살렘 때문이었다. 이슬람 제국이 예루살렘을 차지하고 기독교도들의 성지 순례를 가로막고 있으니 군사를 일으켜야 한다는 것이었다. 바로 그때 예루살렘을 차지한 이슬람 제국이 셀주크 튀르크였다.

셀주크 튀르크가 멸망하고 난 뒤에는 돌궐의 또 다른 부족이 터키에 왕조를 세웠다. 그 부족의 이름은 오스만이었고, 오스만족이 세운 왕조를 오스만 튀르크라고 한다. 오스만 튀르크는 셀주크 튀르크보다 훨씬 더 큰 제국을 이룩했다. 그리스를 포함한 발칸반도와 북아프리카, 서아시아를 거의 다 차지하고 다스렸으니까 말이다. 오늘날의 터키는 오스만 튀르크 왕조가 힘을 잃어 가자 이를 무너뜨리고 새로 건설한 공화국이다.

터키 북동쪽에 있는 아제르바이잔과 투르크메니스탄, 키르기스스탄, 우즈베키스탄* 등에 사는 사람들도 대부분 돌궐의 후예들, 즉 터키인의 형제이다. 이러한 나라들은 1991년 소련이 무너지기 전까지는 소련에 속해 있었다. 그들의 동쪽에 있는 중국의 신장위구르자치구에서 가장 많은 위구르족도 돌궐 계통이다. 지도를 펴 놓고 보면 유라시아 대륙의 중심부에 있는 나라들에는 대부분 돌궐에서 갈라져 나온 민족들이 살고 있다는 것을 알 수 있다.

그래서 이 나라들이 퍼져 있는 드넓은 지역을 가리켜 '투르키스탄'이라 부르기도 한다. 이 말은 '튀르크의 땅'이라는 뜻이다. 한자어를 쓰면 '돌궐의 땅'인 셈이다. 이 같은 투르키스탄은

스탄 페르시아어로 지방이나 나라를 뜻하는 접미사이다.

오스만 튀르크의 자부심, 블루모스크
오스만 제국 제14대 술탄 아흐메드 1세 때 동로마 제국의 아야 소피아에 대항하는 이슬람 사원으로 지어졌다. 정식 명칭은 '술탄 아흐메트 모스크'지만, 내부가 파란색과 녹색 타일로 되어 있어서 '블루모스크'라고 부른다.

돌궐이라 쓰고 터키라고 읽는다

위구르 문자
아람 문자에서 파생된 소그드
문자를 개량해 만들었고, 현재
의 히브리 문자, 시리아 문자,
아랍 문자와 같은 계통이다.

8세기 아라비아인이 펴낸 지리학 책에서 중앙아시아 전체를 포
괄하는 뜻으로 쓰였다. 돌궐이 멸망한 지 천 년도 훨씬 더 넘었
건만 이처럼 돌궐의 그림자는 드넓은 중앙아시아 전체에 드리
워 있다. 이제 터키 사람들이 왜 중국의 위구르족에 대해 형제
애를 표현했는지 알 수 있을 것이다.

　최근 들어서는 비교적 잠잠하지만 한때는 신장위구르자치구
에서 위구르족이 카자흐족, 키르기스족 등 다른 소수 민족과 함
께 중국으로부터 독립하려는 움직임이 벌어지곤 했다. 1997년
2월에는 신장위구르자치구의 중심 도시인 우루무치시에서 연
쇄 버스 폭발 사건이 일어나고, 카자흐스탄 국경 가까운 이닝시
에서도 많은 사람이 희생된 충돌이 있었다. 2008년 베이징 올림
픽 개막 직전인 8월 4일에는 신장위구르자치구의 서쪽 끝인 카
스 지구에서 테러가 일어나 경찰 16명이 죽고 16명이 다쳤다.

이듬해 7월 광둥성에서 위구르족이 얻어맞는 일이 생기자, 우루무치시 등에서 대규모 폭동이 일어나 많은 사상자가 발생했다. 당시 이탈리아 G8 확대정상회의에 참석하려던 후진타오 주석이 서둘러 귀국할 만큼 급박한 사건이었다.

돌궐 계통의 민족들이 중국으로부터 독립하려는 것은 신장위구르자치구가 본래 중국 땅이 아니라 돌궐 계통의 땅, 즉 투르키스탄이라는 믿음 때문이다. 그래서 그들은 장차 독립했을 때의 나라 이름을 '동투르키스탄 공화국'으로 정하기도 했다. 옛 소련에 속했던 중앙아시아 서쪽이 '서투르키스탄', 중국에 속한 신장위구르자치구가 '동투르키스탄'으로 불리기 때문이다. 이름만 놓고 보면 마치 그 옛날의 동돌궐과 서돌궐이 되살아나는 느낌이다.

물론 중국은 신장위구르자치구를 포기할 생각이 전혀 없다. 중국의 일대일로 구상에서 이곳은 매우 중요한 위치를 차지하기 때문이다. 만약 일대일로 구상이 성공해 이 지역의 경제가 좋아진다면 분리 독립의 기운은 잦아들 것이고, 그 반대라면 저항이 커질 것이다. 어느 쪽이든 신장위구르자치구를 비롯한 중앙아시아에 돌궐의 자취가 넓고 깊게 남아 있다는 사실은 사라지지 않을 것이다. 그러한 역사와 전통이 사람들 사이의 갈등과 다툼이 아니라 평화롭고 다양한 공존에 기여했으면 좋겠다.

돌궐이라 쓰고 터키라고 읽는다

우루무치의 그랜드바자르
신장위구르자치구의 중심 도시인 우루무치는 위구르족, 카자흐족, 키르기스족 등 돌궐계 소수 민족이 많이 살고 있어 중국과는 또 다른 느낌이 물씬 풍긴다. 그들 소수 민족은 대개 이슬람교를 믿는다. 사진은 우루무치 중심가에 자리 잡은 이슬람식 시장.

고구려 고분 벽화 속 실크로드 코드

고구려 고분 벽화는 고구려인의 강건하면서도 질박한 삶의 모습을
박진감 넘치게 그려 내고 있다. 또한 고대와 중세 동북아시아의 신화
세계와 문화가 곳곳을 가득 채우고 있다. 이 사실만으로도 세계인의
문화유산으로 손색이 없지만, 거기에서 그치면 고구려 고분 벽화가
아니다. 벽화를 자세히 들여다보면 그 속에 동북아시아와 서역 세계
를 이어 주는 온갖 코드들이 숨어 있다는 것을 알 수 있다.

우리가 동춘 서커스의 원조!
평안남도 대동군 팔청리 벽화 속 인물들로, 마치 서커스를 떠올리게
하는 다양한 기예와 가무를 선보이고 있다. 서커스는 본래 서역에서
들어온 것이다.

무용총의 수박희 벽화
서역인으로 보이는 두 남성이 우리나라 전통 무예
인 수박희를 하고 있다. 중국 지린성 지안시.

각저총의 씨름 벽화
씨름을 하고 있는 두 남성의 모습 역시 서역인으로 보인다.
중국 지린성 지안시.

무용총의 뿔나팔 벽화
하늘을 날며 뿔나팔을 부는 신선의 모습은 서역에
서도 낯설지 않았다. 중국 지린성 지안시.

이것이 바로 서역 패션
평안남도 남포시 강서 구역 수산리 벽화 속 인물들. 서역인과 같은 카프탄형(앞여밈형) 옷을 입고 있다.

8

삼장법사가
고구려에 왔더라면

불교와 실크로드

현장이 인도에서 가져온 불경을 보관한 대안탑 인도에 가서 불법을
연구하고 수많은 불경을 가져온 현장은 당나라 수도 장안(지금의 시안)에
대안탑과 대자은사를 세우고 그곳에서 불경 번역에 전념했다.

《서유기》를 모르는 독자는 거의 없을 것이다. 설령 《서유기》를 읽어 보지 않았더라도 손오공, 사오정, 저팔계를 모르는 친구는 없을 것이고, 그들을 소재로 한 <드래곤볼>, <날아라 슈퍼보드> 같은 만화나 각종 게임을 모르기는 쉽지 않다. 그만큼 《서유기》는 남녀노소, 동서고금을 통틀어 폭넓은 인기를 누리는 중국 고전소설이다.

'서유기'는 '서쪽 나라를 다녀온 여행의 기록'을 뜻한다. 이 소설에 나오는 삼장법사는 당나라 때 실제로 있었던 현장이라는 스님을 모델로 했다. 현장은 중국 역사상 가장 유명한 스님으로 불교가 탄생한 인도를 방문하고 중국으로 돌아가 《대당서역기》라는 여행기를 남겼다. 《서유기》는 바로 이 여행기를 바탕으로 대중이 좋아할 만한 캐릭터와 이야기를 첨가해 만든 일종의 판타지 소설이라 할 수 있다.

그런데 현장은 인도를 여행하고 돌아와 하마터면 고구려에 올 뻔했다. 현장 같은 훌륭한 스님이 고구려에 왔다면 좋은 일일 텐데 왜 '하마터면'이란 말을 쓰느냐고? 그 이유는 이제부터 이야기를 들어 보면 알게 될 것이다. 세계 4대 여행기의 하나로도 꼽히는 《대당서역기》와 중국 4대 기서(奇書)의 하나로 꼽히는 《서유기》를 따라 현장의 서역 기행을 함께해 보자.

부처님 나신 곳을 찾아서

현장이 인도에 다녀온 것은 당 태종 때 일이다. 태종은 중국 역사상 가장 위대한 황제로 꼽히는 인물이고 현장은 중국 역사상 가장 훌륭한 스님으로 꼽히는 인물이다. 그런 인물들이 한 시대에 살았다는 것은 역시 그들이 살았던 당나라가 대단한 왕조였다는 사실을 말해 주는 것 같다.

현장은 중국에서 아무리 열심히 부처님의 가르침을 연구해도 무언가 부족하다는 느낌을 지울 수 없었다. 그래서 부처님이 태어나 깨달음을 얻은 인도로 가서 더 많은 공부를 하고 불경도 가져오겠다고 마음먹었다. 그러나 당시 당나라는 실크로드를 놓고 돌궐과 치열하게 싸우고 있었다. 실크로드의 대부분을 돌궐이 차지하고 있었기 때문에 당나라는 자기네 백성이 국경을 넘어 실크로드로 가는 것을 금지했다. 현장은 인도로 가고 싶은 이유를 절절하게 담은 편지를 보내 출국을 허락해 달라고 간청했지만 거부당했다. 그래도 인도에 갈 마음이 컸던 현장은 몰래 국경을 빠져나갔다.

**고창국을 거쳐 인도까지
이어진 현장의 여정**

629년 현장은 장안을 출발해 육로를 따라 올라가다가 사막 길로 들어섰다. 모래로 뒤덮인 죽음의 길에서 회오리바람을 만나 죽을 고비를 넘기기도 했다. 겨우 목숨을 건진 현장은 지금의 투루판이라는 곳에 있었던 고창국(高昌國)에 잠시 머물게 되었다.

고창국은 중국이 분열되어 있던 위진남북조 시대에 중국 사람이 이주해 가서 세운 나라였다. 현장이 방문했을 때 그 나라의 국왕은 국문태라는 사람이었다. 중국인이 지배한다고 해도 타클라마칸사막 북서쪽 끄트머리에 있기 때문에 고창국에는 여러 민족이 섞여 살고 있었다. 국문태는 그런 사람들의 마음을 하나로 모을 방법을 고민하고 있었는데, 그 고민을 해결해 준 사람이 현장이었다.

현장은 말솜씨가 뛰어나기로 소문난 사람이었다. 일찍이 현

**원나라 때 그림책인
《당승취경도책》에 등장하는
《서유기》의 주인공들**
《대당서역기》는 삼장법사, 손오공, 저팔계, 사오정 등이 등장하는 《서유기》로 재탄생했다.

삼장법사가 고구려에 왔더라면

**명나라에서 간행된
《서유기》 판본**

《서유기》는 후세에 중국, 일본,
한국 등에서 여러 장르의 작품
으로 리메이크되며 큰 인기를
누렸다.

장의 명성을 들었던 국문태는 그에게 불교에 대한 가
르침을 받고 감동했다. 그래서 현장을 극진히 대접하
고 고창국 한복판에 대불사라는 큰 절을 마련해 주었
다. 현장은 대불사 대강당에서 고창국 관리들과 백성들에게 불
교에 대한 해박한 지식을 막힘없이 전달했다. 국문태는 불교를
투루판의 국교로 정하고 현장을 왕사(王師, 왕의 스승)로 모셨다.
현장과 불교를 통해 백성을 하나로 묶을 수 있는 방법을 드디어
발견한 셈이다.

국문태는 현장이 인도로 가지 말고 계속 자기 곁에 있어 주
기를 바랐다. 그러나 현장은 인도에 가서 부처님의 참된 가르침
을 공부하겠다는 마음을 꺾을 생각이 조금도 없었다. 국문태는
아쉽지만 현장을 놓아줄 수밖에 없었다. 현장은 고창국까지 가
는 동안 죽을 고비를 넘겼지만, 이제는 국문태가 마련해 준 수
많은 수행원과 식량의 도움을 받으며 비교적 여유 있게 실크로
드를 여행할 수 있게 되었다. 게다가 국문태는 현장이 가는 길
에 들르게 될 오아시스 국가의 왕들에게 현장을 잘 대접해 달라
는 편지도 써 주었다.

현장이 실크로드로 나섰다는 소문은 서역에 쫙 퍼졌다. 현장
을 모셔서 강연을 들어 보려는 나라들끼리 경쟁까지 붙곤 했다.
심지어는 서로 현장을 초청하려다가 전쟁이 벌어질 뻔한 일까
지 있었다. 현장은 인도까지 가지 않아도 어느 곳에서든 자리를
잡고 존경을 받으면서 불교를 널리 퍼뜨릴 수 있었다. 하지만

부처님 나신 곳으로 가겠다는 그의 의지는 한 번도 흔들린 적이 없었다.

지금도 실크로드는 험난한 길이지만 현장 때에는 더더구나 살아 돌아올 수 있다는 보장이 없는 죽음의 길이었다. 앞에서도 말했지만 타클라마칸이라는 사막의 이름은 '가면 돌아올 수 없는 곳'이라는 뜻이다. 실크로드는 바로 그런 곳을 따라 나 있는 길이었다. 그렇다면 현장이 안정된 삶을 버리고 이렇게 위험한 길로 나선 것은 과연 어떤 의미를 지니는 일이었을까?

나를 찾아가는 여행

투루판은 사막과 산맥 사이에 움푹 패인 분지이다. 심지어 어떤 곳은 바다 표면보다도 낮다. 그런 곳에서 실크로드로 나아가려다 보면 앞을 막아서는 시뻘건 산이 하나 있다. 이름은 화염산. 투루판 남쪽에 동서로 길게 누워 있는데, 그 길이는 무려 100여 킬로미터에 이른다. 햇빛을 받은 모습이 말 그대로 화염에 싸여 활활 타오르는 것 같다고 해서 그런 이름이 붙었다.

《서유기》에는 바로 이 화염산 이야기가 나온다. 판타지 소설답게 여기서 화염산은 불타는 것처럼 보이는 것이 아니라 진짜로 불이 타오르는 산이다. 삼장법사 일행은 이 산을 넘어야만 서쪽으로 계속 갈 수 있는데, 불길을 뚫고 갈 수 있는 방법이 없었다. 삼장법사가 어두운 표정으로 제자인 손오공에게 말했다.

삼장법사가 고구려에 왔더라면

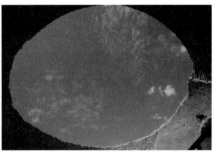

현장이 고창국에서 강론하던 곳
중국 신장위구르자치구 투루판에 있는 고창고성에는 고창국 왕 국문태가 현장
을 위해 지어 준 대불사 터가 남아 있다. 그 가운데 중앙대탑(위)과 강당(왼쪽)
은 비교적 원형을 알아볼 수 있다. 현장이 불교 교리를 강론하던 강당의 천장
(오른쪽)은 시원하게 뚫려 있다.

"취운산 파초동이라는 동굴에 '나찰녀'가 살고 있다네. 나찰녀가 가진 부채 파초선을 가져다가 화염산에 부치면 저 불을 끌 수 있어."

그 말을 들은 손오공은 근두운을 불러 타고 파초동을 향해 날아갔다. 나찰녀에게 파초선을 잠시 빌리려는 생각이었다. 그러나 알고 보니 나찰녀는 옛날에 삼장법사를 잡아먹으려다가 손오공과 싸움을 벌인 홍해아라는 요괴의 어머니였다.

"이 못된 원숭이 녀석! 파초선 맛 좀 봐라!"

나찰녀는 아들의 원수인 손오공에게 파초선을 빌려주기는커녕 파초선을 부치며 싸움을 걸어왔다. 손오공은 파초선 바람이 한 번 불 때마다 멀리 날아가 나동그라지곤 했다. 힘겨운 싸움 끝에 간신히 파초선을 빼앗았지만, 나찰녀가 가지고 있던 파초

나찰녀《서유기》에 등장하는 가공의 인물로 철선공주(鐵扇公主)라고도 한다. 우마왕(牛魔王)의 부인이자 홍해아(紅孩兒)의 어머니이다. 파초선(철선)이라는 부채로 화염산의 불길을 다스리면서, 거기 사는 주민들을 지배했다.

선은 가짜였다.

손오공은 곰곰이 생각한 끝에 나찰녀의 남편인 우마왕으로 변신했다. 그리고 나찰녀를 속여 진짜 파초선을 가로챌 수 있었다. 나찰녀는 급히 우마왕에게 소식을 보냈고 우마왕은 부랴부랴 달려와 손오공을 공격했다. 그러나 천하무적인 손오공은 우마왕을 죽이고 파초선을 가지고 화염산으로 돌아갈 수 있었다. 과연 삼장법사의 말처럼 파초선을 부치자 이글이글 타오르는 화염산의 불길은 가라앉았다. 그리하여 삼장법사 일행은 무사히 화염산을 넘어 인도로 갈 수 있었다.

실제의 화염산은 가장 높은 곳이 해발 831.7미터, 평균 높이는 해발 500미터에 이르는 민둥산이다. 이 산에서는 풀 한 포기 자라지 않고 새 한 마리 찾아보기 어렵다. 한여름 태양이 내리쬐면 적갈색 산이 달아올라 사암이 작렬하고 불길이 하늘을 찌르는 듯하다.

이런 화염산을 넘는 삼장법사 일행의 이야기는 현장의 서역 기행이 갖는 의미를 잘 알려 준다. 세상을 살다 보면 누구나 한 번쯤 막다른 길을 마주치게 되는 법이다. 삼장법사 일행이 화염산 앞에서 길이 막힌 것은 그런 상황을 상징한다. 그리고 손오공이 목숨을 걸고 싸워 파초선을 얻은 행동은 어려움 앞에서도 용기를 잃지 않고 꾸준히 갈 길을 가는 사람들의 의지를 상징한다고 하겠다. 결국 역사는 그렇게 위험을 무릅쓰고 경계를 넘어서는 이들에 의해 조금씩 발전하는 것이리라.

중국에서 가장 뜨거운 화염산
투루판 화염산 주변은 중국에서 가장 더운 곳으로 여름 최고 기온은 50도에 가깝고 지표 온도는 70도가 넘어 계란을 올려놓으면 익을 정도이다. 이런 특성 때문에 중국인들은 이곳을 중국의 열극(熱極)이라 하고 투루판을 화주(火洲)라 부른다. 또한 평균 강우량이 16밀리미터에 불과하고 그 절반이 여름에 내리기 때문에 중국의 건극(乾極)이라고도 한다.

승복(僧服)을 벗고 짐을 도우라

현장이 인도 유학을 마치고 귀국 길에 나선 것은 645년의 일이었다. 고국을 몰래 떠난 지 16년 만이었다. 현장은 인도에서도 타고난 능력과 열정으로 많은 업적을 이룩했다. 당시 인도의 날란다 사원에는 세계에서 가장 큰 대학교가 있었는데, 현장은 이곳에 입학해서 열심히 공부했을 뿐 아니라 나중에는 실력을 인정받아 교수가 되기도 했다.

현장은 인도에서 어렵게 구한 불교 경전들을 가득 싣고, 갔던 길을 되밟아 오기 시작했다. 옥으로 유명한 호탄에 이른 현장은 그곳에 온 사람들에게 고창국의 국문태 왕 소식을 물었다. 자신이 인도로 갈 수 있게 도와준 은인이었기 때문에 돌아가는 길에 꼭 다시 만나고 싶었던 것이다. 그러나 안타깝게도 그때는 국문태도 죽고 고창국도 무너진 뒤였다.

날란다 대학 유적
《대당서역기》에 '나란타(那爛陀)'로 나오는 날란다는 인도 비하르주에 있는 고대의 대학이다. 서기 427년부터 1197년까지 불교 학습의 중심 기관으로 운영되었다. 세계 최초 대학 중 하나로 전해진다.

삼장법사가 고구려에 왔더라면

현장이 국법을 어기고 인도로 떠난 뒤 당나라는 동돌궐을 무너뜨리고 실크로드의 지배권을 되찾았다. 그런데 고창국의 국문태가 서돌궐과 친하게 지내며 당나라에 고분고분하지 않자 당 태종은 군대를 보냈다. 당나라군이 쳐들어온다는 소식을 들은 국문태는 시름시름 앓다가 그만 세상을 떠나고 말았다. 당나라는 고창국을 무너뜨린 뒤 그곳에서 가까운 교하라는 곳에 실크로드를 다스리는 안서도호부를 설치했다. 훗날 고구려를 무너뜨리고 만주를 다스리기 위해 그곳에 안동도호부를 둔 것과 마찬가지다.

현장은 어쩔 수 없이 투루판을 거치지 않고 둔황을 지나 당나라로 돌아갔다. 당시 낙양에 있던 태종은 현장을 그곳으로 불러 성대한 환영식을 치러 주었다. 떠날 때는 국법을 어긴 죄인이었지만, 귀국할 때는 황제의 영접까지 받는 유명 인사가 되어 있었던 것이다.

그런데 현장을 반갑게 맞이한 태종은 뜻밖의 요구를 했다. 현장에게 스님 노릇을 그만두고 자신을 도우라고 한 것이다. 당시 태종은 고구려로 쳐들어갈 준비를 하고 있었다. 현장을 보고 그가 소문처럼 똑똑하고 풍부한 식견을 가지고 있는 것을 확인한 태종은 어떻게든 그를 활용하고 싶었다. 그래서 고구려 원정에 데리고 가려고 하는데, 사람을 죽이는 전쟁터에 스님을 데리고 갈 수는 없으니 환속하라는 명령을 내린 것이다.

현장의 고향은 무협 영화에 단골로 나오는 허난성의 소림사였다. 그는 소림사로 돌아가 인도에서 가져온 불경들을 번역할 꿈에 부풀어 있었다. 그런 현장더러 속세로 돌아가 전쟁에 참여하라니, 이는 도저히 받아들일 수 없는 요구였다. 그렇다고 황제의 명령을 함부로 거역할 수도 없는 노릇. 현장은 서역에서 보고 들은 모든 것을 책으로 정리해 바칠 테니 환속하라는 명령은 거두어 달라고 간청했다. 그런 책은 서역을 놓고 돌궐과 치열하게 싸우던 태종 입장에서도 필요한 것이었다. 덕분에 현장은 고구려에 가지 않아도 되었고, 세계 4대 여행서의 하나로 꼽히게 될 《대당서역기》는 그렇게 해서 세상에 선을 보이게 되었다.

지금도 옛 장안인 시안에 가면 현장이 인도에서 가져온 경전을 보관하던 7층 벽돌탑이 있다. 대안탑(大雁塔)이라 불리는 이 탑은 처음에는 석가모니가 깨달음을 얻은 보드가야의 마하보디 대탑과 같은 모양으로 지어졌다.

처음의 이야기로 돌아와서, 현장이 태종을 따라 고구려에 가지 않은 것은 현장 개인에게나 우리 민족에게나 다행스러운 일

불교 국가의 육식 문화

대안탑에 '기러기 안(雁)' 자가 들어갔다고 해서 탑이 기러기 모양으로 생긴 것은 아니다. 여기에는 현장이 인도에서 들은 흥미로운 전설이 깃들어 있다.

불교 수도자들이 길을 가던 중 한 명이 배고프다는 말을 했다. 그러자 하늘을 날던 기러기 한 마리가 수도자들 앞에 툭 떨어져 죽었다. 자신의 몸을 배고픈 수도자에게 보시한 것이다. 마하보디 대탑은 그 기러기를 기리며 지은 탑이라고 한다.

기러기 보시의 전설을 통해서 우리는 그 시절 인도의 스님들은 육식도 했다는 것을 알 수 있다. 지금도 캄보디아, 타이 등 동남아시아 불교 국가에서는 신도들이 시주하는 고기 요리를 스님들이 거절하지 않고 받아먹는다. 반면 중국과 우리나라 같은 동북아시아 불교 국가에서는 대체로 육식을 하지 않는다. 이처럼 신앙에 따른 관습은 절대적인 것이 아니라 지역마다 문화마다 다르다.

삼장법사가 고구려에 왔더라면

이 아닐 수 없다. 알다시피 태종은 용맹하고 전략·전술에 능한 황제였다. 그런 황제가 만약 현장처럼 똑똑하고 현명한 사람을 부하로 데리고 고구려에 쳐들어왔다면 어떤 일이 벌어졌을까? 태종은 고구려에서 난생처음 참혹한 패배를 당하고 돌아갔다. 그러나 현장이 그의 곁에 있었다면 사정은 달라졌을지도 모른다. 그리고 결과가 어찌 됐든 현장은 지금 훌륭한 스님으로 기억되지도 않을 것이고, 우리도 그를 좋은 사람으로 기억하지 않을 것이다. 또 화염산을 넘어 온갖 고생 끝에 인도까지 다녀온 그의 모험도 의미를 잃어버리지 않았을까?

《대당서역기》
총 12권 10만여 자 분량으로 현장이 17년간(629~645) 부처의 진리를 구한 행적이 담겨 있다.

대안탑 안에서 바라본 서역 가는 길
오늘날 대안탑 내부에서 계단을 올라가 서쪽을 바라보면 이처럼
시원스런 대로를 중심으로 시가지가 조성되어 있다. 당나라 때 저
길을 따라 수많은 승려, 상인, 군인, 사절단이 장안과 서역을 오갔
을 것이다.

9

서라벌 달 밝은 밤에
놀던 서역인들

통일 신라와 실크로드

신라에 온 서역인 경주의 원성왕릉에는 눈이 쑥 들어가고 코가 높으며 구레나룻이 성성한 데다 터번까지 쓴 서역인 석상들이 왕릉을 지키고 있다. 그들의 모델은 중앙아시아나 서아시아에서 실크로드를 따라 신라까지 왔다가 머물러 살게 된 서역인으로 여겨진다.

처용(處容)이라는 이름을 못 들어 본 사람은 거의 없을 것이다. 처용 자신보다는 "서라벌 밝은 달에 밤들이 노니다가"로 시작하는 <처용가>라는 노래가 더 유명하다.

처용가는 조선 시대까지 널리 불렸고, 처용의 탈을 쓰고 이 노래를 부르면서 추는 처용무도 전해 내려온다. 그런데 처용의 탈을 보면 부리부리한 눈과 높은 콧대가 도무지 한국인으로 보이지 않는다. 그래서 처용은 본래 신라 사람이 아니라 아라비아에서 온 이주민이라고 짐작하는 학자도 적지 않다.

아라비아는 서아시아에 있는 반도이다. 이 반도의 북쪽에 있는 이라크 지역에서 메소포타미아 문명이 일어났고, 그 서쪽에서는 이집트 문명이 일어났다. 또 그 동쪽에 있는 이란에서는 고대 지중해 세계의 강자였던 페르시아 제국이 일어나 이집트와 서아시아의 문명을 통합했다. 흔히 '중동'이라고 불리는 북아프리카와 서아시아는 이처럼 아주 옛날부터 고도로 문명이 발달한 지역이었다. 그런데 정말 그런 곳을 떠나 통일 신라까지 와서 산 처용 같은 사람들이 있었을까? 서라벌 달 밝은 밤에 노닐던 코 큰 사람들을 찾아 통일 신라로 떠나 보자.

이란에서 온 왕자

이슬람교는 610년 아라비아의 예언자 무함마드가 창시한 종교이다. 그때까지 아라비아를 포함한 서아시아는 페르시아 제국의 지배를 받고 있었다. 페르시아 제국은 오늘날의 이란에서 일어나 고대와 중세에 지중해 세계를 지배한 강대국이었다. 이 제국은 불을 숭배하는 조로아스터교*를 국교로 믿었다. 그런데 무함마드를 계승한 이슬람 제국이 651년 들어 페르시아 제국을 멸망시켰다. 그와 동시에 조로아스터교도 쇠퇴하고 이란에는 이슬람교가 널리 퍼졌다.

바로 그때 멸망한 페르시아 제국의 왕자가 중국을 거쳐 신라에 들어왔다는 이야기가 있다. 우리나라가 아니라 이란에서 전해지는 이야기이다. 이란에는 그 시절 이야기를 담은 《쿠쉬나메》*라는 서사시가 전해 내려오는데, 바로 그 서사시에 신라에 온 왕자 이야기가 들어 있다.

페르시아 제국의 마지막 왕 아즈데게르드 3세는 이슬람 제국의 침략에 맞서 결사 항전을 벌였다. 끝내 나라가 망할 지경에 이르자 왕은 왕자 가운데 한 명을 중국의 당나라로 보냈다. 그러면서 훗날 이슬람 제국에 복수하고 나라를 되찾으라고 당부했다. 그 왕자의 이름은 아비틴.

아비틴은 당나라에 가서 잘 살았지만 얼마 지나지 않아 그 나라를 떠나야 했다. 당나라가 이슬람 제국과 공식 외교 관계를

조로아스터교 예언자 조로아스터의 가르침을 바탕으로, 유일신 아후라 마즈다를 믿는 고대 페르시아 종교.

쿠쉬나메 페르시아의 서사시로, 이란의 하킴 이란샨 아불 카이가 501년~504년, 1108년과 1111년 사이에 쓴 것으로 알려져 있다.

맺으면서 페르시아 왕자를 데리고 있기 어려워졌기 때문이다. 《쿠쉬나메》에 따르면 바로 그때 아비틴은 당나라를 떠나 바실라라는 나라로 갔다. 한국과 이란의 많은 학자들은 이 바실라가 바로 신라라고 믿고 있다.

그 무렵 신라는 삼국 통일을 위해 한창 백제, 고구려와 전쟁을 벌이고 있었다. 아비틴은 지중해를 지배하던 강대국에서 왔기 때문에 신라에 많은 도움을 줄 수 있었다. 왕을 보좌하면서 발달한 천문과학과 전쟁 기술에 관한 정보를 제공하고, 화랑도에게 새로운 무기 다루는 법을 알려 주기도 했다.

삼국 통일에 큰 공을 세운 아비틴은 왕에게 사위가 될 수 있도록 해 달라고 부탁했다. 그러나 왕은 신라 풍습에 따라 공주를 외국인과 혼인시킬 수 없다고 아비틴의 청을 거절했다. 그래도 포기할 수 없었던 아비틴은 끝까지 왕을 물고 늘어졌다. 마침내 왕은 공주에게 궁녀의 옷을 입혀 서른 명의 궁녀 사이에 집어넣고 아비틴이 공주를 알아보면 혼인을 허락하겠노라고 약속했다.

아비틴은 정확하게 공주를 알아맞혔다. 수십 명의 궁녀 속에 섞여 있었지만 공주에게서는 오로라 같은 광채가 났다고 한다. 왕과 신하들은 공주를 향한 아비틴의 사랑을 인정하고 공주와 혼인하는 것을 허락했다. 그 공주의 이름은 프라랑으로, 아비틴과의 사이에서 페리둔이라는 왕자를 낳았다. 페리둔은 어쩌면 한국인과 이란인 사이에 태어난 최초의 혼혈인일지도 모르겠다.

서라벌 달 밝은 밤에 놀던 서역인들

우즈베키스탄에서 온 왕실 경호원

아비틴 왕자는 이슬람 세력을 피해서 당나라로 갔다가 신라까지 온 이란 사람이다. 그렇다면 신라는 이슬람 국가들과 교류를 하지 않았을까? 그렇지 않다. 이슬람 제국은 빠르게 팽창해서 서아시아와 북아프리카뿐 아니라 남유럽과 중앙아시아에까지 이슬람교를 전파했다. 그리고 이슬람교를 믿는 무슬림들은 육지와 바다의 실크로드를 따라 당나라로, 그리고 신라로 들어왔다.

우리는 통일 신라에 들어와 살았던 무슬림의 모습을 경주 곳곳에서 만나볼 수 있다. 경주에서 울산으로 향하는 길목의 외동읍에는 8세기 후반에 통일 신라를 다스린 원성왕(재위 785~798)의 무덤이 있다. 이 무덤 앞에는 한 쌍의 무인 석상이 우뚝 서 있는데 키가 2.5미터에 이른다. 또 안강읍의 흥덕왕릉과 경주 시내 북천 옆의 헌덕왕릉에도 이와 같은 무인 석상이 자리 잡고 있다.

그들은 육중한 체구를 곧추세우고 큰 칼을 찬 채 무덤을 지키고 있으나 이름도 없고 소속도 없다. 더욱 신비로운 것은 그들의 생김새이다. 눈이 쑥 들어가고 콧날이 오뚝한 모습, 머리

격구와 폴로
당나라와 신라에서 하던 격구는 이란에서 시작된 폴로와 비슷하다.

에 두른 터번, 성성한 구레나룻……. 그들은 신라 토박이가 아니라 저 멀리 중앙아시아에서 실크로드를 거쳐 신라까지 들어온 서역 사람임에 틀림없다.

그렇다면 왜 신라 왕의 무덤을 지키는 석상이 서역인의 모습을 하고 있는 것일까? 서아시아나 중앙아시아 출신의 서역인은 체구가 건장하고 힘이 세다. 신라의 왕이나 귀족들은 그런 서역인을 경호원으로 채용해서 신변을 보호했을 가능성이 있다. 그러니까 왕이 죽은 뒤에도 서역인의 모습을 한 무인상을 무덤 앞에 세워 놓지 않았을까?

원성왕릉 앞에 있는 무인상의 모델이 된 서역인은 어느 나라에서 왔을까? 아라비아, 이란, 터키 등등 여러 가지 주장들이 있었다. 그런데 요즘에는 그들이 지금의 우즈베키스탄에 살던 소그드인이라는 주장에 힘이 실리고 있다. 소그드인은 오늘날 우즈베키스탄의 주류를 이루는 우즈베크인과는 다른 민족이다. 백인종인 이란 계통으로 짐작되는 소그드인의 후손은 지금은 남아 있지 않다. 그들은 우즈베키스탄의 사마르칸트 일대에서 살다가 유라시아 대륙 곳곳으로 퍼져 나가 지금은 다른 여러 민족에 흡수되어 버렸다.

왜 그랬을까? 소그드인이 살던 사마르칸트 일대는 페르시아 제국의 한 지방으로 '소그디아나'라고 불렸다. 그런데 소그디아나는 중국, 인도, 이란, 동로마 등 여러 문명이 지나는 길목이자 강대국의 무력 충돌이 자주 일어나는 곳이었다. 소그드인은 어

서라벌 달 밝은 밤에 놀던 서역인들

이란 사람들이 신라에서 살았다고?

《쿠쉬나메》는 역사책이 아니라 허구의 서사시이다. 그러나 이 책에서처럼 이란 사람들이 신라에 들어와 살았을 가능성은 충분하다. 신라 귀족의 집을 짓는 데 쓰이던 재료 중에는 사자와 공작, 나무가 그려져 있는 돌이 있다. 이런 무늬는 바로 페르시아 제국에서 유행하던 것이다. 또 신라의 화랑들은 말을 타고 공놀이를 하는 격구를 즐겼는데, 이 운동도 본래 이란에서 시작된 폴로가 도입된 것이었다.

이란의 폴로(오른쪽)와 당나라의 격구(아래)
이란에서 들어온 구기인 마구(격구)는 당나라를 거쳐 통일 신라에도 전해졌다. 당나라 귀족은 무예를 중시하는 서역인과 북방 유목민족의 영향을 받아 마구와 사냥 등 다양한 야외 운동을 즐겼다.

신라의 돌에 페르시아 무늬가
나무와 새를 그려 넣은 입수쌍조문(立樹雙鳥文)은 사산왕조 페르시아에서 유행하던 무늬이다. 신라 귀족 집의 건축재로 만들다가 중단한 것으로 보인다.

말 타고 사냥을 나가는 귀족들의 모습을 표현한 인형

쩔 수 없이 돌궐, 당나라, 이슬람 제국 등 강대국의 지배를 잇달아 받게 되었다. 그래서 수많은 소그드인이 고향을 떠나 타향에서 장사를 하며 살아가게 되었고, 그중 일부는 신라에도 들어와 살았던 것으로 보인다.

동에 번쩍 서에 번쩍 하면서 상업의 귀재로 활약하던 소그드인의 자취는 유라시아 대륙 곳곳에 남아 있다. 그들은 서쪽의 이슬람 제국은 물론 동쪽의 당나라와 신라에도 들어가 거래를 성사시키곤 했다. 통일 신라와 함께 남북국을 이루고 찬란한 문화를 이룩한 '해동성국' 발해의 유적에서도 소그드인이 사용하던 화폐가 발견되었다.

그런가 하면 우리 조상들이 소그드인의 나라를 방문한 흔적도 있다. 우리나라에서 삼국 통일을 놓고 항쟁이 치열하던 7세기 중엽, 소그드인은 우리가 강국(康國)이라 부르던 나라에 살고 있었다. 강국의 왕궁인 아프라시압 궁전에는 그 당시의 벽화가 지금도 남아 있는데, 그 벽화에 고구려 사신으로 보이는 두 명의 남자가 그려져 있다. 어떻게 고구려 사신인 줄 아느냐고? 고구려 관리들은 새의 깃털을 꽂은 '조우관'이라는 모자를 쓰고 다녔기 때문에 쉽게 알아볼 수 있다. 그런데 아프라시압 궁전 벽화에서 바로 이 조우관을 쓴 남자들이 강국의 왕을 알현하고 있는 것이다.

우리는 앞에서 고구려 사절단이 돌궐 지배자의 죽음을 조문하러 갔다는 사실을 확인했다. 그런데 우즈베키스탄에 있는 소

소그드 상인
소그드인은 이란계의 언어를 사용하던 백인 계통의 종족으로 오늘날 우즈베키스탄의 주류를 이루는 우즈베크인과는 구별되는 것으로 알려졌다.

서라벌 달 밝은 밤에 놀던 서역인들

그드인의 강국은 돌궐보다 더 서쪽이다. 그렇게 먼 곳까지 무엇 때문에 갔을까? 그들도 조문 사절단이었을까? 학자들의 추측은 다르다. 벽화가 그려진 시기는 정확히 알 수 없지만 고구려가 나당 연합군의 공세에 시달리던 무렵인 것만은 분명하다. 그렇다면 고구려 사절단은 당나라를 물리치는 데 강국의 도움을 받고자 그곳을 방문하지 않았을까? 평소 관계가 좋았던 강국과 연합 전선을 펼쳐 당나라를 협공하려는 생각이었을 것이다.

고구려는 끝내 멸망하고 강국도 오래 못 간 것을 보면, 조우관을 쓴 사내들은 목적을 달성하지 못한 것 같다. 그 옛날 흉노와 연합 전선을 펴기 위해 대월지를 찾아갔던 장건처럼 '요령'을 얻지 못한 셈이다. 그러나 소그드인의 궁궐에 남아 있는 그들의 흔적은 실크로드를 통한 서역과의 교류가 우리에게도 남의 일만은 아니었다는 것을 생생하게 증언하고 있다.

아프라시압 궁전 벽화(복원)
오른쪽 아래 조우관(깃털을 꽂은 관)을 쓰고 있는 두 남자가 고구려 사신으로 짐작된다.
ⓒ박진호

아랍에서 온 사나이

이제 서라벌 달 밝은 밤에 노닐던 처용에게로 돌아가 보자. 고려 때 김부식이 쓴 《삼국사기》를 보면 처용이 처음 모습을 드러낸 곳은 울산 앞바다였다. 지금은 울산이 경주보다 큰 도시지만 통일 신라의 울산은 수도인 경주로 통하는 국제항이었다. 경주 사람들은 일본이나 중국으로 나가려면 이곳 울산에서 배를 타고 바다로 나가곤 했다. 남해가 울산 안으로 쑥 들어온 태화강은 신라와 세계를 이어 주는 창구였다.

유유하게 흐르는 태화강에서 눈을 돌려 개운포(開雲浦)라는 작은 포구로 가 보자. '개운포'는 구름이 걷힌 포구라는 뜻이다. 879년(헌강왕 5) 헌강왕은 모처럼 신하들과 개운포에 행차해서 신나게 놀았다. 한참 즐거운 시간을 보내고는 돌아가려고 발길을 옮기는데 갑자기 구름과 안개가 자욱하게 덮이고 천지가 어두워졌다.

"이게 웬 조홧속인고? 불길하다. 일관*을 부르라."

일관이 와서 아뢰었다.

일관 왕 곁에서 천체의 변화를 살피던 관리. 원시 종교가 힘이 있었던 고대에는 점성술사에 가까운 대우를 받았으나, 고려 이후에는 단순한 기술직에 가까웠다. 고구려에서는 일자, 백제와 신라에서는 일관이라 불렀다.

개운포의 처용암
처용의 전설이 어려 있는 울산 광역시 남구 황성동 외황룡강 하구의 모습. 바다 한가운데서 떠오른 처용을 연상케 해 '처용암'으로 불리는 바위가 보인다.

서라벌 달 밝은 밤에 놀던 서역인들

"이는 필시 동해의 용이 심술을 부리는 겁니다. 용을 위해 좋은 일을 하시면 풀릴 줄 아옵니다."

헌강왕은 곰곰이 생각하다가 개운포 부근에 용을 위한 절을 지으라고 지시했다. 그러자 구름과 안개가 걷히고 개운포 바다 한가운데서 용왕이 일곱 아들을 데리고 나타났다.

"이렇게 덕을 베풀어 주시니 감사합니다. 제 아들들과 함께 임금님을 칭송하는 노래를 부르고 춤을 추겠습니다."

용왕이 일곱 아들과 함께 노래를 부르며 춤을 추니 정말 장관이었다. 가무를 마치고 용왕이 말했다.

"제 아들 중 한 명을 드릴 터이니 데리고 가소서. 나랏일에 도움이 될 것입니다."

체격이 크고 얼굴이 검은 그 아들이 바로 처용이었다. 헌강왕은 기꺼이 처용을 받아들여 함께 경주로 출발했다. 용왕은 아들과 작별 인사를 나누고 바다로 사라졌다. 지금도 용왕이 나타난 자리에는 시커먼 바위가 우두커니 서서 학들과 갈매기들에게 쉼터를 제공하고 있으니, 그 바위의 이름이 '처용암'이다.

처용은 헌강왕의 사랑을 받으며 경주에서 행복하게 잘 살았다. 페르시아 왕자 아비틴이 선례를 만들어 놓은 덕에 어여쁜 신라 여인과 결혼까지 할 수 있었다. 그러나 좋은 일이 많으면 나쁜 조짐이라고 하듯이 처용에게도 비극이 찾아왔다. 어느 날 '서라벌 밝은 달에 밤들이 노니다가' 집에 들어가 보았더니 아내가 다른 남자와 바람을 피우고 있었던 것이다. 〈처용가〉는 그때 처용의 심정을 담은 노래였다.

울산 앞바다에 홀연히 나타난 처용은 과연 어디서 온 남자였을까? 바다에서 나타나는 이야기로 보아 배를 타고 온 외국인이었을 가능성이 높다. 게다가 체구가 크고 얼굴이 검다고 했으니 많은 학자들이 그를 아랍인이라고 추측한다. 9세기면 아라비아에서 일어난 아바스 왕국이라는 이슬람 국가가 한창 전성기를 맞이하고 있을 때다. 그때 많은 아랍인이 배를 타고 당나라를 거쳐 신라로 들어왔을 텐데, 처용도 그중 한 명이라는 것이다.

물론 처용이 아랍인이라는 증거는 없다. 심지어 처용은 사람이 아니라 전염병을 퇴치하는 힘을 의인화한 존재라는 주장도 있다. 그러나 분명한 것은 신라가 중앙아시아는 물론 이란과 아라비아의 무슬림들과 교류를 하고 있었다는 사실이다. 우리나라 절에 그려진 단청의 당초문(唐草文)이 아라비아 전통 무늬인 아라베스크 모양을 하고 있는 것만 보아도 알 수 있다.

백자 상감연화당초문 대접
상감 기법으로 연꽃무늬와 덩굴무늬를 새겨 넣은 조선의 백자 대접. 대한민국의 국보 제175호이다. ⓒ국립중앙박물관

아라베스크 무늬
우리나라 단청에 그려진 무늬는 아라비아 전통 무늬인 아라베스크 모양과 비슷하다. 사진은 낙산사 단청(왼쪽)과 하피즈 묘 천장(오른쪽).

서라벌 달 밝은 밤에 놀던 서역인

알 이드리시 신라 지도
세계를 70등분한 지도 가운데
하나로 신라가 섬들로 그려져
있는 것이 이채롭다.

    신라와 이슬람 세계의 교류가 잦았다는 것은 신라가 멸망하고도 한참 지난 12세기에 아라비아 사람이 만든 지도를 보아도 알 수 있다. 1154년 이슬람 지리학자 알 이드리시가 쓴《천애 횡단 갈망자의 산책》이라는 책에는 세계 지도가 실려 있는데, 거기에는 신라가 여러 개의 섬으로 이루어진 나라로 나온다. 이처럼 이슬람 세계에 신라가 알려져 있었다면 무슬림들은 신라를 어떻게 생각하고 있었을까? 알 이드리시가 책에서 인용하고 있는 10세기 이슬람 역사학자 알 마스오디의 말로 대답을 대신하고자 한다.

    "신라국에 간 이라크인이나 다른 나라 사람은 공기가 맑고 물이 좋고 토지가 비옥하며 자원이 풍부하고 보석도 일품이기 때문에 극히 소수를 제외하고는 그곳을 떠나지 않았다."(알 마스오디,《황금 초원과 보석광》)

10

고선지가 패하자
종이가 서쪽으로 간 내력

실크로드와 문명의 교류

서역으로 전래된 중국의 제지술 중국의 제지술은 고선지 부대의 제지 기술자들에 의해 중앙아시아로 전해졌다. 전통적인 방식으로 종이를 만들고 있는 우즈베키스탄의 제지 공장 모습.

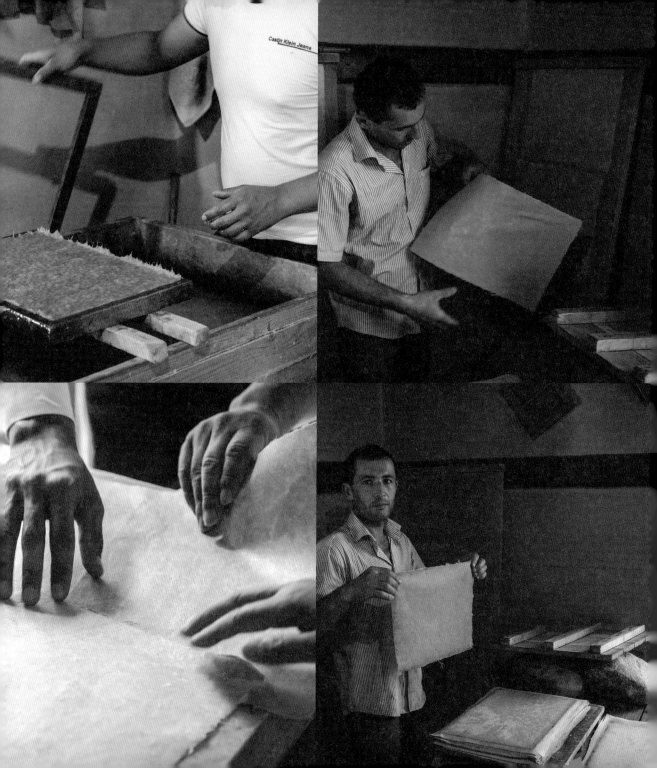

1245년 로마 교황 인노켄티우스 4세는 몽골 제국의 대칸 귀위크에게 편지를 보냈다. 전쟁과 살육을 멈추고 크리스트교로 개종하라는 내용이었다. 귀위크는 답장을 보내 종교를 강요하지 말고 평화를 원한다면 서방의 왕들을 이끌고 와서 무릎을 꿇으라고 요구했다. 그때 귀위크가 보낸 편지는 로마 교황이 처음 본 종이라고 한다. 서유럽 문명의 꼭짓점에 있던 교황이 13세기까지도 종이라는 것을 몰랐다니! 그때까지 유럽 사람들은 대부분 문자 생활이라는 것을 몰랐고, 지식인과 정치인은 양가죽을 무두질해 만든 양피지에다 글씨를 썼다. 반면 동아시아에서는 그 당시에 이미 천 년도 넘게 종이를 사용해 오고 있었다.

언제 어떤 계기로 제지법이 서방에 전해지게 되었을까? 이 물음 앞에서 우리는 매우 친숙한 이름과 만나게 된다. 고구려 유민의 아들로 당나라에서 혁혁한 전공을 세운 것으로 알려진 고선지이다. 군인이었던 고선지가 어떻게 해서 중국의 제지 기술을 서방에 넘겨주는 일에 관계했을까? 이 의문을 풀기 위해 우리가 방문해야 하는 현장 역시 실크로드이다.

종이는 누가 언제 만들었나

여러 번 이야기한 것처럼 실크로드는 중국의 비단이 서방에 팔려 나가던 길이었다. 바로 그 비단처럼 서방 세계가 도저히 중국을 흉내 낼 수 없었던 또 하나의 물건이 종이였다. 중국에서 종이가 처음 만들어진 것은 기원전 2세기 한나라 때였다. 민간에서 실과 솜, 식물 섬유를 혼합해 종이를 만들어 쓰기 시작한 것이다.

교과서에는 후한 때인 서기 2세기에 환관 채륜이 종이를 발명했다고 나오기도 한다. 그러나 채륜은 이미 있던 종이를 좀 더 쓰기 좋게 개량한 사람이다. 그 전까지 종이는 실용성이 떨어져서 사람들은 값비싼 비단이나 대나무를 쪼개 만든 죽간에 글을 쓰고 있었다. 그런데 채륜이 만든 종이는 두께가 0.04밀리미터밖에 되지 않으면서도 질기고 매끄러웠다. 게다가 값도 싸

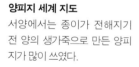

양피지 세계 지도
서양에서는 종이가 전해지기 전 양의 생가죽으로 만든 양피지가 많이 쓰였다.

서 글을 쓰거나 책을 만들기가 한결 쉬워졌다.

채륜 덕분에 종이의 대량 생산이 가능해지고, 일반인도 관리가 되는 데 필요한 고급 지식을 갖출 수 있었다. 그 시절 서방의 여러 나라에서는 소수의 귀족 지식층이 권력을 독점하는 일이 많았지만, 중국에서는 그런 일이 상대적으로 적었다. 평범한 사람이라도 공부만 열심히 하면 관직에 진출할 기회를 얻는 것이 과거 시험이다. 중국에서 일찍이 이런 시험을 실시한 것도 종이가 널리 보급되어 누구나 지식을 익힐 수 있었기 때문이다.

중국 다음으로 종이를 빨리 사용한 나라가 우리나라다. 우리나라에 종이 만드는 법이 들어온 것은 삼국 시대였던 4세기 무렵이라고 한다. 일본 나라현에 있는 쇼소인이라는 고대 보물 창고에서는 신라에서 만들어진 종이가 발견되기도 했다. 신라 촌락의 인구 상황을 조사한 문서였는데, 일본 사람들이 그 중요성을 모르고 다른 물건을 포장하는 데 사용했다가 뒤늦게 발견된 것이다.

우리나라가 종이를 만들어 사용한 시기는 중국보다 늦었지만, 종이 품질은 곧 중국을 능가했다. 몽골 제국의 귀위크 칸이 로마 교황에게 보낸 편지가 고려에서 만들어진 종이라고 추측하는 학자도 있다. 훗날 명나라의 영락제가 베이징에 자금성을 건설할 때 천장과 벽에 사용한 벽지는 우리나라 전주에서 만들어진 최고급 닥종이였다는 사실이 밝혀지기도 했다.

우리나라가 중국의 채륜이 종이를 개량한 것보다 200년이나

채륜
중국 후한의 환관으로, 종이를 쓰기 좋게 개량했다.

고선지가 패하자 종이가 서쪽으로 간 내력

늦게 종이를 만들게 된 것은 중국이 제지술을 비밀로 취급했기 때문이다. 반면 우리 조상은 마음씨 좋게도 몸소 일본에 제지술을 전해 주었다. 7세기 초 일본으로 건너가 호류사에 금당 벽화를 그린 고구려의 담징 스님이 그 주인공이다. 담징 스님은 제지술뿐 아니라 먹 만드는 법까지 일본에 전해 주었으니, 그 무렵 꽃피기 시작한 일본의 고대 문화는 우리나라에 진 빚이 매우 크다고 하겠다.

자, 그러면 이제 고선지에 대해 이야기할 때가 되었다. 앞에서 고선지는 고구려 유민의 아들이었는데, 그 덕분에 제지술이 서방에 전해졌다고 했다. 그것이 사실이라면 고구려 사람들은 중국에서 비롯된 제지술을 일본과 서방에 전한 문명의 전달자인 셈이다. 그런데 흥미로운 사실은 고선지가 서방에 제지술을 전하고 싶어서 전한 것은 아니라는 점이다. 고선지는 전혀 그럴 생각이 없었는데 전투에서 패하는 바람에 제지술이 서방에 넘어갔다고 한다. 도대체 이게 무슨 말일까? 이제 고선지가 활약하던 8세기 중앙아시아로 들어가 보자.

실크로드의 정복자 고선지

고선지는 고구려가 멸망한 뒤 당나라의 하서(지금의 우웨이)로 끌려간 고사계의 아들이었다. 하서는 '황허의 서쪽'이라는 뜻으로, 당나라의 수도인 장안에서 실크로드로 가는 길목에 있었다.

그곳에서 태어난 고선지는 어쩌면 실크로드의 정복자가 될 운명을 타고났는지도 모른다.

고선지는 아버지에게서 무장 지위를 물려받아 혁혁한 무공을 세워 나갔다. 당시는 당 현종 때로 당나라는 타림분지 주변의 수많은 오아시스 국가들을 지배하고 있었다. 그런데 이 같은 당나라의 지배권을 위협하는 세력이 나타났다. 지금의 티베트인 토번 왕국이다. 토번의 세력이 커지자 당나라에게 조공을 바치던 소발률(지금의 파키스탄)이라는 나라가 토번 쪽으로 넘어가 당나라에 등을 돌렸다.

현종은 토번과 한바탕 승부를 겨루지 않을 수 없다고 판단했다. 747년 현종은 고선지를 행영절도사로 삼아 기병 1만 명을 거느리고 소발률을 토벌하라고 명령했다. 그때 고선지는 전쟁사에 길이 남을 대담무쌍한 작전을 단행했다. 소발률로 가는 길에는 탄구령이라는 험준한 고개가 버티고 있었다. 고개라고 하니까 코웃음을 치겠지만 탄구령은 해발 4,688미터에 이르는 어마어마한 고개로, 오늘날 힌두쿠시산맥의 다르호트 고개에 해당한다.

고개를 둘러서 가면 되지 않겠느냐고 생각할 수도 있지만 그러기에는 시간이 없었다. 반대편에서 토번의 지원군이 밀어닥치고 있었기 때문이다. 고선지는 과감한 결단을 내려 군사들과 함께 5,000미터에 가까운 준령을 넘었다. 그리하여 토번보다 먼저 소발률에 들이닥쳐 왕궁을 점령하고 왕과 왕비를 사로잡을

고선지가 패하자 종이가 서쪽으로 간 내력

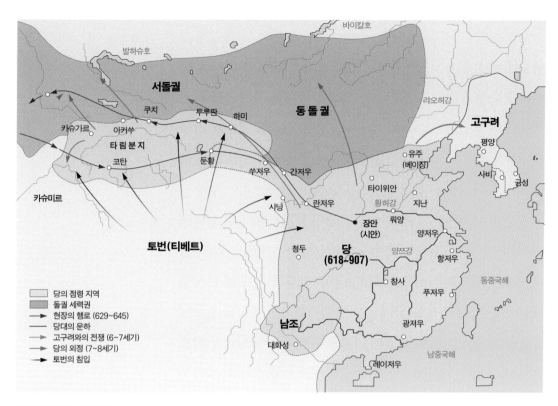

**618년 통일을 이룬 당의
대외 원정**

수 있었다.

　세계 전쟁사에 길이 남은 위대한 작전 가운데 종종 한니발과 나폴레옹이 알프스 산맥을 넘은 것을 꼽는다. 그러나 그들이 넘은 산은 고선지가 넘은 탄구령에 비하면 높이가 절반밖에 안 된다. 훗날 실크로드를 탐험하다가 고선지를 알게 된 영국 탐험가 아우렐 스타인은 고선지를 알렉산드로스 대왕에 견주며 '실크로드의 정복자'라고 찬양했다.

　고선지는 일약 당나라의 영웅으로 떠올랐다. 현종은 그에게 실크로드를 총괄하는 중대한 임무를 맡겼다. 그러나 산이 높으면 골이 깊은 법. 당나라의 지배를 못마땅해 하던 오아시스 국가들이 이번에는 서쪽에서 떠오르던 이슬람 왕조에 의지해 당나라에 등을 돌렸다. 고선지가 소발률을 정벌한 지 3년 만에 석국(지금의 우즈베키스탄 타슈켄트)이라는 나라가 이슬람 왕조를 믿고 당나라에 조공 바치기를 거부한 것이다. 고선지는 석국으로 쳐들어가 그 나라 왕을 붙잡아 장안으로 끌고 갔다.

그런데 여기서 문제가 생겼다. 훌륭한 정치를 펼치던 현종은 당시 양귀비라는 절세 미녀에게 빠져 분별력을 잃고 있었다. 그래서일까, 현종은 앞뒤 생각 없이 석국 왕을 죽여 버렸다. 석국 왕의 아들은 그 소식을 전해 듣고 분기탱천해서 이슬람 왕조에 도움을 청했다. 이슬람 왕조는 이 요청을 받아들여 당나라 쪽으로 쳐들어왔다. 역사상 처음으로 중국과 이슬람 세력이 맞붙게 된 것이다. 싸움터는 천산산맥 서북쪽 기슭의 탈라스 강변이었다.

이슬람군은 석국과 토번의 군사들까지 합쳐 4만여 명의 병력을 자랑했다. 반면 고선지가 이끄는 당나라군은 현지 용병까지 합쳐도 3만 명 정도였다. 게다가 2만 명에 이르는 현지 용병이 고선지를 배반하고 뒤에서 당나라군을 공격했다. 4만 대 3만

탈라스 전투 때 고선지의 원정로

고선지가 패하자 종이가 서쪽으로 간 내력

이 6만 대 1만으로 바뀐 것이다. 결국 천하의 고선지도 앞뒤에서 밀려드는 적군에게 8,000명이나 되는 군사를 잃고 후퇴해야 했다. 그러나 그동안 쌓은 공이 워낙 많았기 때문에 탈라스 전투에서 패했다고 해서 처형당하지는 않았다. 그러나 얼마 뒤 일어난 안녹산의 반란 때 나라의 창고를 내주고 도망갔다는 누명을 쓰고 비참한 최후를 맞았다. 외적을 덜덜 떨게 하던 전쟁의 신이 나라 안에서 억울한 죽음을 당한 것이다.

그렇다면 고선지의 패배 때문에 제지술이 서방에 전파되었다는 것은 무슨 말일까? 당시 실크로드의 통치자였던 고선지는 수많은 제지 기술자들을 데리고 있었다. 그들이 만들어 바친 종이로 황제에게 장계*도 올리고 상소도 올렸다. 그런데 고선지 군이 참패하는 바람에 그 기술자들이 대거 이슬람 군에 포로로 잡혀가 그곳에 제지술을 전한 것이다. 나중에 살펴보겠지만, 훗날 임진왜란 때 조선의 도자기 기술자들이 일본으로 끌려가 그곳에 백자 만드는 기술을 전한 것을 떠올리게 하는 일이다.

장계 군주의 명을 받고 지방에 나가 있는 신하가 자기 관하의 중요한 일을 군주에게 보고하던 문서.

종이는 실크로드 최고의 명품

탈라스 전투를 통해 이슬람 세계에 전해진 제지술은 그곳에서 엄청난 변화를 일으켰다. 당시는 무함마드가 이슬람교를 창시한 지 100년 남짓 되는 시기였다. 그 짧은 시간에 이슬람 세력은 엄청난 성장을 해 북아프리카, 서아시아, 남유럽에 걸친 거대한 제국을 건설했다. 동서 교통의 요지를 장악한 것이다.

이처럼 문명의 교차로에 제국을 건설한 이슬람교도들은 사방에서 쏟아져 들어오는 정보에 자극받아 지식에 대한 욕구가 매우 컸다. 그러던 참에 종이라는 획기적인 발명품이 그들의 손에 들어온 것이다. 정보를 얻고 전파하는 데 종이보다 더 좋은 도구는 없었다. 이슬람 제국은 중국의 기술자들에게서 제지술을 배우는 데 그치지 않고 기술을 개량했다. 곳곳에 종이 공장을 세우고 기계 망치로 펄프를 빻는 기술까지 개발한 것이다.

탈라스 전투가 끝난 뒤 300년쯤 흐른 11세기 무렵 종이는 이슬람 지역에서 흔한 물건이 되었다. 시장에서 채소를 사고팔 때 사용하는 포장지로 쓰일 정도였다. 당시 이슬람 세계에서 발달한 화학, 천문학, 철학, 문학, 역사학 등 각종 학문은 종이 덕분에 그때까지 볼 수 없었던 성과를 냈다. 훗날 서유럽에서 탄생한 근대 학문은 바로 중세 이슬람 학문의 영향을 받은 것이다.

이처럼 이슬람 제국에서 포장지로 쓰일 만큼 종이가 널리 보

중국에서 시작된 제지술이 세계로 전파된 경로와 시기

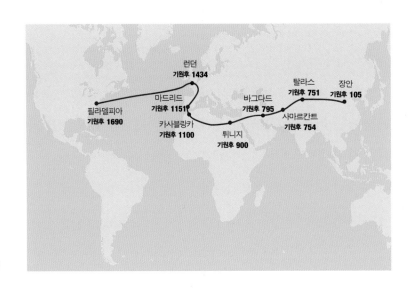

런던
기원후 1434

마드리드
기원후 1151

필라델피아
기원후 1690

카사블랑카
기원후 1100

튀니지
기원후 900

바그다드
기원후 795

탈라스
기원후 751

장안
기원후 105

사마르칸트
기원후 754

고선지가 패하자 종이가 서쪽으로 간 내력

급되었을 때에도 유럽 사람들은 종이란 것을 모르고 있었다. 그러니 13세기 중반 로마 교황 인노켄티우스 4세가 종이를 처음 본 것도 무리는 아니다. 서유럽 최고의 지식인이라고 할 수 있는 교황이 그때에야 종이란 것을 알았으니, 유럽 사회에 종이가 보급된 것은 그보다도 한참 뒤라는 사실은 쉽게 짐작할 수 있다.

그러나 나중 난 뿔이 우뚝하다고, 뒤늦게 제지술을 알게 된 서유럽은 매우 빠른 속도로 기록 문화를 발전시켜 나갔다. 종이를 사용하기 시작한 지 100여 년 만에 독일의 출판업자 구텐베르크°는 금속으로 활자를 만들었다. 그리고 이를 활용해 종이에다 빠른 속도로 글자를 인쇄하는 방법을 개발했다. 금속 활자를 만든 시기는 구텐베르크보다 우리나라가 78년가량 빨랐지만, 금속 활자를 이용해 더 많은 책을 더 널리 보급한 것은 구텐베르크였다.

제지술이 보급되고 금속 활자로 빠른 인쇄가 가능해지자 서유럽 사람들 사이에 잠복해 있던 지식 욕구는 폭발했다. 서양 근대의 출발점으로 일컬어지는 르네상스와 종교개혁은 이 같은 종이의 보급에 힘입어 일어난 것이다. 이처럼 종이는 전파되는 지역마다 학문과 사회를 발전시켰으니 역사상 가장 중요한 발명품의 하나라고 해도 지나친 말이 아니다.

여기서 우리가 생각해 봐야 할 것이 있다. 어떤 사람들은 고선지가 참전한 탈라스 전투로 인해 제지술이 서방에 전파되었으므로 고선지를 '서구 문명의 아버지'라 부르자고 주장한다.

구텐베르크 대대로 대주교 밑에서 돈을 찍어 내는 금속 세공 관리 집안에서 태어났다. 그로 인해 일찍이 관련 기술과 지식을 익힐 수 있었다.

물론 고선지가 제지 기술자들을 거느리고 있지 않았으면 탈라스 전투가 끝난 뒤에도 오랫동안 제지술이 서방에 전해지지 않았을 것이다. 그러나 고선지는 제지술이 전파되는 현장에 있었던 군인일 뿐 전파에 적극적인 역할을 한 인물은 아니다.

고선지를 '서구 문명의 아버지'라고 주장하는 사람들은 대개 우리나라 학자들이다. 고구려인의 후손인 그를 조금이라도 더 위대한 사람으로 치켜세우려는 마음이 느껴진다. 그러나 그렇게 하지 않아도 고선지는 탁월한 전략가로 충분히 위대한 사람이다.

종이 전파와 관련해서는 고선지보다 묵묵히 지식의 발전과 전파에 기여한 이름 없는 제지 기술자들을 기리는 것이 올바른 역사적 태도가 아닐까? 그리고 종이를 비롯한 문명의 이기와 함께 실크로드라는 험한 길을 넘나들던 이름 없는 여행자들에게 다시 한 번 경의를 표하는 것이 어떨까.

고선지가 패하자 종이가 서쪽으로 간 내력

탈라스강
키르기스스탄과 카자흐스탄의 국경 지역을 흐르는 강이다. 길이는 453킬로미터, 유역면적은 1만 7,540제곱킬로미터에 이른다.

11

유교는 왜
세계 종교가
되지 못했을까

실크로드와 동서 문화의 교류

유교의 전당 문묘(文廟) 공자를 비롯한 유교 성인의 위패를 모시고 후학을 키우는 곳으로,
사진은 1070년 베트남 하노이에 세워진 문묘의 정문이다. 서양에 널리 전파된 중국의 물질
문명과 달리 중국 정신문화의 핵심인 유교는 한국, 베트남 등 동아시아 지역에 머물렀다.

나침반, 제지술, 인쇄술, 화약을 중국의 4대 발명품이라고 한다. 이 발명품들은 서양에 전해져 그곳의 문명을 발전시키는 데 큰 역할을 했다. 이런 사실을 보면 옛날에 중국의 기술 문명은 서양에 비해 매우 앞서 있었다는 것을 알 수 있다. 최근 100여 년 동안 서양의 기술이 동양보다 앞섰던 것과는 반대이다.

그렇다면 실크로드를 따라 서역에서 중국으로 들어온 물건들은 어떤 것이 있을까? 타클라마칸사막 남쪽의 오아시스 도시 호탄에서 많이 나는 옥이 첫손 꼽힌다. 로마 제국의 영역에서 많이 생산되던 유리도 중국으로 수입된 대표적인 물건이다.

그러나 서역에서 중국으로 흘러들어 가 큰 영향을 준 것은 이런 물질적인 것들이 아니라 정신적인 것이었다. 바로 불교, 마니교, 기독교, 이슬람교 같은 종교들이다. 특히 불교는 중국뿐 아니라 동아시아 전체에서 가장 많은 사람들이 믿는 종교로 발전했다. 그런데 여기서 조금 이상한 점이 엿보인다. 중국에도 종교나 사상이 있었다. 유교와 도교가 대표적이다. 그런데 이런 중국의 사상이나 종교는 왜 서양으로 전파되지 않았을까? 물질문명에서는 서양보다 훨씬 앞섰던 중국이 왜 서양의 정신문화는 받아들이면서 자국의 정신문화는 수출하지 않은 걸까?

중국에 들어간 서역의 종교들

불교는 한나라 때부터 중국에 들어가 서서히 퍼져 나가다가 4세기 무렵에는 황제들이 불교 신자가 될 만큼 널리 받아들여 졌다. 고구려와 백제에 불교가 들어온 것도 그때 중국을 통해서 였다. 법현, 현장 등 중국 승려들은 본고장의 불교를 직접 배우 겠다면서 위험을 무릅쓰고 인도를 다녀오기도 했다.

이처럼 불교가 실크로드를 따라 중국에 들어온 것은 너무나 잘 알려져 있는 데다 뒤에서 현장 스님 이야기도 자세히 다룰 테니, 이 장에서는 옛날 중국에는 별로 알려지지 않았을 것 같 은 기독교 이야기를 해 보자.

한나라와 당나라를 비롯한 중국 여러 왕조가 도읍으로 삼았 던 산시성 시안에는 비림 박물관이라는 곳이 있다. 박물관의 많 은 유물 가운데 눈에 띄는 것 중 하나가 대진경교유행중국비(大 秦景教流行中國碑)이다. 높이 279센티미터, 너비 99센티미터에 이

시안 비림 박물관의 비정(碑亭)
숲을 이룰 정도로 많은 비석이 있다고 해서 비림(碑林)으로 불 린다. 현액의 '비림' 글자는 청 나라 말기의 애국자 임칙서가 쓴 것으로 알려져 있다.

르는 거대한 자철석의 이수(螭首)*에 비의 이름과 함께 십자가 문양이 선명하게 새겨진 비석이다. '대진'은 로마를 말하고 '경교'는 기독교를 말한다. '로마의 기독교가 중국에서 유행한 내력을 적은 비석'인 셈이다.

이 비석의 비문은 781년 당나라에 들어와 있던 경정(景净)이라는 수도사가 지었다. 경정은 이란 출신으로 본래 이름은 아담이었다. 그 비문에 따르면 경교가 중국에 전파된 시기는 당 태종 때인 635년이었다. 아라본이라는 선교사가 태종에게 경전을 바치자 태종은 감격하며 경교를 적극 권장하고 3년 후에는 장안에 경교 사원을 짓는 것을 허락했다. 이 기독교 사원은 처음에는 파사사라 불렸고 나중에는 대진사로 불리게 되었다.

그 후 경교는 당나라의 보호를 받으며 융성했다. 그런데 9세기에 당나라 황제가 된 무종은 중국 고유의 종교인 도교에 빠져 있었다. 그는 도교를 너무나도 숭상한 나머지 불교를 비롯해 외국에서 들어온 종교들을 탄압하기 시작했다. 불교마저 이런 탄

이수 비석 위에 뿔 없는 용의 형체를 조각하여 장식한 것.

대진경교유행중국비
경교는 기독교계에서 오랫동안 이단으로 여겨져 온 네스토리우스파 교회를 가리킨다는 것이 일반론이다. 당나라뿐 아니라 통일신라, 발해에도 전파되었다.

유교는 왜 세계 종교가 되지 못했을까

압을 받았으니 기독교는 더 말할 것도 없다. 수많은 기독교 사원이 파괴되면서 대진경교유행중국비도 그때 땅속에 파묻혔다. 이 비석이 다시 세상에 모습을 드러낸 것은 명나라 때였다.

이처럼 불교와 기독교는 인도와 이스라엘에서 탄생한 지 600년가량 지난 뒤 중국에 들어와 퍼졌다. 그러나 이슬람교는 달랐다. 예언자 무함마드가 이슬람교를 창시한 618년 직후부터 이슬람교도들이 중국 땅에 들어와 살았다. 그들은 처음에는 바닷길을 따라 광저우, 취안저우 등 항구 도시에 들어와 자기들의 공동체를 만들고 살았다. 그러다가 이슬람 제국이 빠르게 세력을 넓혀 나가면서 8세기에는 육지의 실크로드를 따라서도 들어왔다. 이슬람교는 중국에서 회교(回教), 청진교(淸眞敎) 등으로 불리면서 널리 퍼졌다.*

불교, 기독교, 이슬람교는 3대 세계 종교로 꼽힌다. 그런 종교들이 다 서역에서 발생해 실크로드를 타고 중국에 들어와 번창했다. 이를 보면 확실히 중국은 문화적 포용력이 대단한 나라라는 것을 알 수 있다. 당나라의 무종처럼 속 좁게 외래 종교를 탄압한 황제도 있지만 다양한 종교와 사상을 인정한 황제도 적지 않았다. 특히 보편적인 세계 제국을 지향하던 당 태종, 원 세조, 청 건륭제 등은 서역의 사상과 문화를 배척하지 않고 적극적으로 포용하는 정책을 썼다. 그것은 분명 오랜 세월 세계 최강대국을 유지해 온 중국의 힘이 아닐 수 없다.

중국의 **이슬람교도** 오늘날 신장위구르자치구에 사는 위구르족, 카자흐족, 우즈베크족 등은 대부분 이슬람교를 믿고 있고, 그 밖의 지역에서도 회족이라 불리는 소수 민족을 비롯해 수많은 중국인이 이슬람교도이다.

비단은 서쪽으로 갔는데
유교는 가지 못한 까닭은?

  그렇다면 실크로드를 통해 이처럼 다양한 외국 문화를 받아
들인 중국이 왜 외국에는 자국의 사상과 문화를 보급하지 않았
을까? 특히 2,000년 넘도록 중국이라는 거대한 문명을 정신적
으로 뒷받침해 온 유교는 도대체 왜 실크로드를 넘어 서양에 전
파되지 않았을까?

  물론 유교가 중국의 국경 안에만 머물렀던 것은 아니다. 유
교를 중국 못지않게 숭상하고 정신적 지침으로 삼은 나라가 바

세계 3대 종교의
전파 경로와 시기

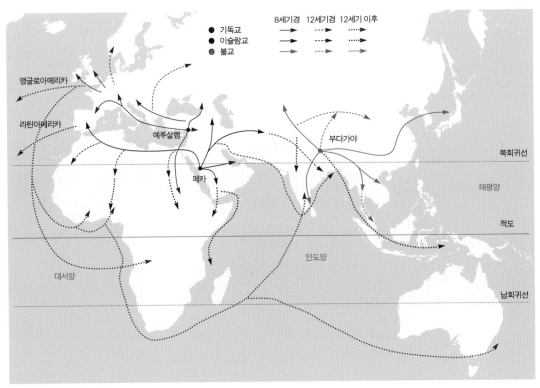

유교는 왜 세계 종교가 되지 못했을까

로 우리나라다. 우리나라는 중앙 집권적인 정치 체제나 유교 경전과 한문학을 중심으로 한 교육 제도 등에서 중국과 비슷했다. 우리나라뿐 아니라 중국 남쪽에 있는 베트남도 유교를 적극적으로 받아들였다. 바다 건너 있는 일본은 우리나라를 통해 유교 문화를 받아들인 사례이다.

그러나 한국, 일본, 베트남 등은 서역 나라가 아니라 동아시아에 있는 중국의 이웃 나라이다. 그러니까 이 나라들이 유교를 받아들인 것은 실크로드를 통한 문화 교류라고 볼 수 없다. 그렇다면 왜 실크로드 너머 인도, 서아시아, 유럽에는 유교가 전파되지 않았을까?

우선 유교는 불교나 기독교 같은 종교일 뿐 아니라 사회와 국가를 이끌어 가는 지도 사상이기도 하다. 그래서 중국의 종교인 유교를 받아들이려면 중국의 사회 제도와 정치 제도까지 받아들여야 했다. 우리나라는 일찍부터 중국식 제도를 받아들였기 때문에 유교가 뿌리내리기 쉬웠다. 하지만 중국에서 멀리 떨어져 있을 뿐 아니라 문화적 뿌리가 다른 인도나 유럽에서 중국의 사회 제도를 받아들인다는 것은 결코 쉬운 일이 아니었다.

유교가 서쪽으로 전파되지 못한 또 한 가지 이유는 너무 중국 중심적인 사상이라는 데 있다. 유교는 중국이 세계의 중심이고 중국의 문화가 세계에서 유일한 문화라는 중화사상과 결합해 발전해 왔다. 중국의 문화는 곧 유교 문화인데, 이를 통해 주변의 '야만인'들을 가르쳐 문화적인 교양인으로 만드는 것을 '교화(教化)'라고 한다.

그러니까 유교를 믿는 사람은 중국을 세계의 중심으로 믿고 중국 황제를 천자, 곧 하늘의 아들로 받드는 사람이다. 그래서 유교를 믿었던 조선 시대 왕들은 스스로 천자의 제후라고 생각했다. 다시 말해 중국은 1등 국가, 조선은 2등 국가라고 인정해 버린 것이다. 그리고 중국의 유교 문화를 조선에서 꽃피우려고 노력했다. 이처럼 유교를 받아들이려면 중국을 '천자의 나라'로 받들고 자기를 낮추어야 했다. 그런데 서아시아나 유럽 나라들은 그럴 생각이 없었다. 그들은 그들대로 자기네 이슬람 문화나 기독교 문화가 최고라고 생각했기 때문에, 설령 중화사상을 접했다 하더라도 그것을 이해할 수 없었을 것이다.

황제가 하늘에 제사를 지내는 환구단의 황궁우

조선의 국왕은 천자(天子)인 중국 황제의 제후로서 하늘에 제사를 지낼 수 없었다. 1897년 고종이 대한제국을 선포한 뒤에야 황제로 등극하고 환구단에서 하늘에 제사 지낼 수 있었다. 사진은 환구단의 부속 건물인 황궁우로, 제사에 쓸 물건들을 보관하던 곳이다. 서울 웨스틴조선호텔에 있다.

유교는 왜 세계 종교가 되지 못했을까

그런데 유교가 불교나 기독교처럼 세계 종교가 되지 못한 진짜 중요한 이유는 따로 있다. 불교, 기독교, 이슬람교 등 수많은 나라와 민족이 받아들인 종교의 공통점은 모든 사람이 평등하다고 가르치는 데 있다. 불교는 심지어 풀과 나무를 포함한 이 세상 만물이 다 평등하다고 가르친다. 기독교와 이슬람교에서도 같은 신자끼리는 형제자매와 같은 정을 나눈다. 그래서 이 종교들은 세계 어디를 가든 핍박받고 차별받는 민중의 사랑을 받았다.

그러나 유교는 현실에 존재하는 신분 질서를 인정하는 가르침이었다. 중국 황제와 조선 왕의 차별을 인정한 것처럼, 왕과 백성의 차별을 인정하고 양민과 천민의 차별을 인정했다. 그러면서 각자가 처한 신분에 맞는 행동을 하면서 사회의 질서를 지켜 나가라고 가르쳤다.

따라서 유교는 중국이나 조선처럼 발달한 신분 사회를 유지하는 데는 좋은 사상이었지만, 계층과 민족을 초월해 사랑받기는 어려웠다.

중국의 미래와 유교 사상

앞에서 유교는 사회와 국가의 지도 사상이기 때문에 유교를 받아들이려면 중국의 정치 체제를 받아들여야 한다고 했다. 서양 여러 나라는 오랫동안 그럴 생각도 없었고 능력도 없었다.

그렇다고 해서 서양 사람들이 유교를 배우고 중국의 정치 체제를 받아들이려고 한 적이 아주 없었던 것은 아니다. 한때는 매우 적극적으로 유교를 배우려 하기도 했다.

유럽에서 유교를 배우려고 한 대표적인 인물이 18세기 프랑스의 계몽사상가인 볼테르이다. 볼테르는 루소와 더불어 프랑스 근대 사상의 받침돌을 놓은 사람으로 유명하다. 볼테르는 유럽을 근대 국가로 만들기 위한 모델로 중국을 생각했다. 그래서 집에다 공자 초상화를 걸어 놓고 열심히 유교 공부를 하기도 했다.

볼테르는 왜 중국을 근대 국가의 모델로 생각했을까? 그때까지 볼테르의 조국인 프랑스는 지방 분권 국가였다. 나라가 여러 명의 영주가 다스리는 지방으로 나뉘어 있었던 것이다. 볼테르는 서로 다른 영주의 지배를 받고 있던 사람들을 하나의 국민으로 결합하고자 했다. 그러려면 지방 분권을 극복하고 중앙 집권적인 정치 체제를 만들어야 했다. 볼테르가 보기에 그런 국가

카페 프로코프의 볼테르의 방
1686년 프랑스 파리에 처음 문을 연 카페로 당대의 사상가들이 커피를 마시며 토론하던 계몽주의의 산실이었다. 볼테르는 이곳에서 하루에 40~50잔의 커피를 마셨다고 한다.

유교는 왜 세계 종교가 되지 못했을까

체제를 완성한 나라가 바로 중국이었다. 그래서 중국의 효율적인 국가 체제를 만드는 데 기여한 유교 사상을 열심히 공부했던 것이다.

그러나 프랑스 사람들은 근대 국가를 이룩해 가는 과정에서 중국의 유교 사상보다 훨씬 더 강력한 근대 시민 사상을 발전시켰다. 유교 사상을 배우려다가 그것을 뛰어넘은 것이다.

근대 시민 사상은 시민들의 적극적인 참여로 왕정을 무너뜨린 시민 혁명을 통해 무르익었다. 이 사상은 신분 차별을 인정하는 유교와 달리 낡은 신분 질서를 허물어 버리고 모든 사람이 날 때부터 자유롭고 평등하다는 인권 개념을 발전시켰다. 그렇게 자유롭고 평등한 시민들의 연대를 통해 중앙 집권적인 근대 시민 국가가 탄생한 것이다. 이러한 근대 시민 국가는 옛날 중국처럼 황제가 통치하지 않으면서도 충분히 강력하고 활력이 넘쳤다.

그렇게 성장한 서양의 근대 시민 국가들은 결국 바다를 따라 동쪽으로 진출해 그토록 부강했던 중국 왕조를 멸망에 이르게 했다. 한때 유럽 사상가들이 동경하던 유교 사상도 왕조의 몰락과 더불어 힘을 잃어버리고 말았다. 유교는 중국이 강력한 제국을 건설하는 힘이 되었지만, 중국 제국이 몰락하면서 그와 운명을 같이하고 말았던 것이다. 불교와 기독교와 이슬람교가 그 탄생지의 운명과는 상관없이 세계 곳곳에서 사랑받고 있는 것과는 다른 모습이다.

유교와 함께 몰락한 중국의 옛 왕조는 다시는 부활하지 않았다. 그 대신 서양의 근대적인 제도를 받아들인 새로운 중국이 지난 100여 년의 수모를 딛고 다시 강대국으로 성장하고 있다. 어쩌면 이 새로운 중국은 머잖아 유럽이나 미국을 넘어 세계를 앞서가는 선진국으로 우뚝 서게 될지도 모른다. 그러나 그때 중국을 이끄는 사상은 결코 유교와 같은 낡은 사고방식은 아닐 것이다.

유교는 왜 세계 종교가 되지 못했을까

실크로드를 거쳐 동쪽으로 간 종교들

불교

간다라 불상

둔황에서 발견된 구법승도

티베트 불교의 꽃 만다라

석굴암과 바미안 석굴

이슬람교

11세기 위구르에서 간행된 이슬람교리집 표지와 내지

시안의 이슬람교 예배당

**조로아스터교
마니교**

마니교 경전 조각

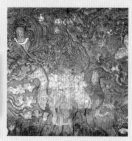
소그드인이 믿었던 조로아스터교의 불 숭배 의식

위구르가 8세기에 공식 종교로 삼은 마니교 교도들의 모습

한문으로 쓴 마니교 경전

기독교

가오창고성 사원 유적의 경교 벽화

둔황의 히브리어 기도문

발해 옛터에서 나온 십자가

우즈베키스탄에서 발견된 십자가 무늬 납골함

12

마르코 폴로가
동쪽으로 간 까닭은

몽골 제국과 실크로드

실크로드의 마르코 폴로 중국 간쑤성 장예의 구식가(欧式街)에 세워진 마르코 폴로 동상. 한 나라 때 하서 4군 중 하나인 장예는 예로부터 물이 풍부하고 토지가 비옥해 '금장액(金張掖)'이 라는 별칭으로 불렸는데, 마르코 폴로는 이곳을 '칸피추'라는 이름으로 유럽에 소개했다.

고려는 원나라의 부마국이었다. 즉, 고려의 왕이 원나라 황제의 사위였다. 그런데 우리는 고려가 힘이 없어서 원나라의 강요를 못 이기는 바람에 부마국이 되었을 거라고 생각한다. 그러나 당시 고려에는 그렇게 생각하지 않는 사람도 많았다. 또한 충렬왕과 쿠빌라이 딸의 혼인은 원나라가 요구한 것이 아니었다. 반대로 충렬왕의 아버지인 원종이 쿠빌라이에게 요구한 것이었다. 당시 원나라는 몽골 세계 제국의 중심 국가였으므로 원나라 황실과 혼인 관계를 맺으면 고려 왕실의 지위도 덩달아 올라간다고 생각했기 때문이다. 고려 왕실은 세계 최고 황실의 일원이 되었고, 수많은 고려 사람들이 원나라의 수도인 대도(지금의 베이징)를 예사롭게 드나들었다.

이처럼 대도는 수많은 나라와 민족이 선망하는 세계의 중심이었다. 부귀와 공명을 찾는 야심가들이 원나라 황실의 일원이 되거나 황제 밑에서 한자리하고자 대도로 몰려들었다. 그중에는 '색목인(色目人)'으로 불리는 서양 사람들도 많았다. 그 가운데 가장 유명한 사람으로 역사에 남은 이가 이탈리아 베네치아 출신의 마르코 폴로였다.

서유럽, 몽골의 말발굽을 피하다

마르코 폴로는 1254년 지금의 이탈리아 북동쪽에 자리 잡은 베네치아 공화국의 상인 가문에서 태어났다. 몽골이 유라시아 대륙의 태반을 정복하고 거대한 세계 제국을 완성해 가던 시기였다. 당시 고려도 몽골 제국의 막바지 공세를 막아 내고 있었다.

이렇게 몽골의 기세가 사납던 시절 마르코 폴로가 태어난 베네치아 공화국은 무사했을까? 다행히 그곳까지는 몽골군의 말발굽이 닿지 않았다. 이탈리아를 비롯한 서유럽, 그러니까 오늘날 세계에서 가장 잘사는 나라들이 모여 있는 지역은 몽골군의 침략을 받지 않았던 것이다. 그것은 당시 이 지역이 군사적으로 강해서가 아니었다. 단지 운이 좋았을 뿐이었다.

1241년 칭기즈 칸의 손자 바투는 원정군을 이끌고 유럽을 휩쓸고 있었다. 이미 러시아를 정복한 몽골군은 바투의 지휘 아래 폴란드에서 유럽 연합군을 격파했다. 영화를 보면 종종 중세 유럽 기사들이 엄청나게 무거운 갑옷을 뒤집어쓴 채 말을 타고 전투를 벌이는 장면이 나오는데, 말을 자유자재로 몰면서 쏜살같이 내달리는 몽골 기병들을 이런 유럽의 기사들이 당해 낼 수는 없었다.

그리하여 동유럽이 완전히 바투의 손에 들어가고 남은 것은 남서유럽뿐이었다. 바투의 몽골군은 서유럽의

마르코 폴로

관문인 빈을 포위했다. 바투의 공격 명령이 떨어지기만 하면 유럽 전체가 몽골 제국의 지배 아래 들어가는 것은 시간문제였다. 그러나 바로 그때 하늘이 서유럽을 도왔다. 칭기즈 칸에 이어 몽골 제국을 다스리던 제2대 대칸 오고타이가 죽었다는 소식이 날아온 것이다. 바투는 군대를 돌려 후계자 선정 문제가 기다리고 있는 제국으로 돌아갔고, 다시 돌아오지 않았다.

어떤 학자들은 그때 서유럽이 몽골의 정복을 피한 덕분에 오늘날과 같은 번영을 누릴 수 있었다고 한다. 당시만 해도 세계 문명의 선진 지역은 이슬람이나 중국이었고, 서유럽은 한참 뒤쳐져 있었다. 그래서 몽골 제국이 큰 매력을 느끼지 못했을 수도 있다. 그런 서유럽이 전쟁의 참화를 피하면서 몽골 제국이 열어젖힌 동서 교역로의 혜택을 온전히 누릴 수 있었다. 그때 몽골 제국을 통해 서유럽으로 들어간 중국과 이슬람의 선진 문물이 오늘날의 부유한 서유럽을 만들었다는 것은 분명 일리가 있는 말이다.

**유럽의 기사(왼쪽)
vs. 몽골의 기병(오른쪽)**

마르코 폴로가 동쪽으로 간 까닭은

중국으로 갈 운명을 안고 태어난 소년

바로 그런 시기에 마르코 폴로의 아버지 니콜로 폴로는 이슬람 지역과 바다를 통한 무역을 해서 큰돈을 벌었다. 마르코 폴로가 태어났을 때에도 니콜로는 동생 마페오와 함께 동로마 제국의 수도인 콘스탄티노플(지금의 터키 이스탄불)에 머물면서 보석을 거래하고 있었다. 거기서 활동 반경을 넓혀 더 동쪽으로 갔다가 전쟁이 일어나는 바람에 지금의 루마니아에서 발이 묶였다. 그때 두 사람은 우연히 몽골 제국의 사신을 만났고, 그 사신의 제안에 따라 대도로 가게 되었다.

니콜로와 마페오 형제는 1년 동안 몽골 제국을 여행하면서 온갖 이국적이고 신기한 풍물을 경험할 수 있었다. 그리고 대도에서 몽골 제국의 제5대 대칸인 쿠빌라이를 알현했다. 타고난 장사꾼인 이들 형제는 몽골 제국이 자신들에게 얼마나 큰 기회의 땅인지 바로 알아차렸다. 그래서 쿠빌라이에게 다시 돌아올 것을 약속하고 일단 귀국했는데, 그때는 마르코 폴로가 이미 열다섯 살의 소년으로 자란 1269년이었다.

니콜로 폴로는 가족들과 재회한 기쁨을 만끽할 새도 없이 쿠빌라이와 한 약속대로 몽골로 떠날 채비를 했다. 집으로 돌아온 지 2년 만인 1271년이었다. 그때 마르코 폴로는 아버지와 삼촌을 따라나섰다. 상인 가문의 대를 잇기 위해서는 세계의 중심으로 떠나는 이 여행을 놓칠 수 없었다. 마르코 폴로는 그야말로 몽골로 가기 위해 태어난 사람이 아닐 수 없었다.

세계의 중심에서 보낸 17년

베네치아를 출발한 마르코 폴로 일행은 흑해를 건넌 뒤 파미르고원과 타림분지를 지나 대도로 향했다. 무려 3년 6개월에 걸쳐 실크로드를 서에서 동으로 횡단하는 장도 끝에 마르코 폴로는 1275년 상도(上都, 지금의 중국 네이멍구자치구 시린하오터)라는 곳에서 세계의 지배자와 마주하게 되었다.

니콜로 폴로가 베네치아에 다녀오는 동안 몽골 제국의 심장부에서는 큰 변화가 일어났다. 초대 대칸 칭기즈 칸에서 4대 대칸 뭉케에 이르기까지 몽골 제국의 지배자들은 전형적인 유목민이었다. 그들은 중국이나 이슬람 같은 문명 세계를 약탈 대상으로만 생각했을 뿐 전혀 부러워하지 않았다. 몽골 제국이 문명 국가가 되어야 한다는 생각도 하지 않았다. 그래서 그들은 문명 국가를 정복할 때마다 그곳의 도시를 깡그리 파괴하고 자신들의 고향인 초원과 다를 바 없는 상태로 만들어 놓았다. 역사학자들은 이런 행위를 '초원화'라고 말하기도 한다.

그러나 쿠빌라이는 달랐다. 그는 몽골 제국도 문명 세계를 지배하기 위해서는 문명을 받아들여야 한다고 생각했다. 그래서 그 자신이 중국어와 중국 문화를 익혔다. 마르코 폴로가 기억하는 쿠빌라이는 야만적인 유목민 지도자가 아니라 매우 총명하고 신중한 사람으로, 몽골어와 중국어는 물론 페르시아어도 할 줄 알았다.

쿠빌라이는 아버지 뭉케가 죽은 뒤 동생인 아리크부카와 몽

쿠빌라이 칸

마르코 폴로가 동쪽으로 간 까닭은

골 제국의 대권을 놓고 싸웠다. 그때 아리크부카는 유목 국가의 전통을 강조했고 쿠빌라이는 중국식 문명국가의 건설을 주장했다. 이 싸움에서 승리한 쿠빌라이는 지체 없이 자신의 생각을 실행에 옮겼다. 제국의 수도를 대도로 옮기고 원(元)이라는 중국식 왕조를 세웠다.

이처럼 문명을 중요하게 여긴 쿠빌라이는 똑똑한 이탈리아 청년 마르코 폴로를 한눈에 알아보았다. 그는 마르코 폴로를 늘 곁에 두고 유럽 이야기를 듣고 싶어 했다. 이탈리아의 신기한 풍습, 유럽의 이색적인 문화에 대해 귀가 닳도록 물어보곤 했다. 그런 가운데 마르코 폴로도 점차 중국의 문물에 익숙해져 갔다.

마르코 폴로는 정신적으로나 육체적으로나 성숙한 스무 살부터 서른여섯 살까지 원나라에서 지냈다. 쿠빌라이의 명으로 양저우 지방을 3년간 다스리기도 했고, 버마*와 인도에 특사로 다녀오기도 했다. 그러는 동안 원나라는 중국의 남쪽을 지배하던 남송을 완전히 멸망시키고 중국 전역을 차지하게 되었다. 1279년의 일이었다.

원나라처럼 중국을 정복한 유목민의 왕조를 '정복 왕조'라고 한다. 원나라 이전에도 거란족의 요, 여진족의 금과 같은 정복 왕조는 있었다. 그러나 원나라처럼 중국 전역을 송두리째 차지한 정복 왕조는 없었다. 게다가 원나라는 유라시아 대부분을 차지한 몽골 제국의 중심 국가였다. 몽골 제국은 원나라 외에

버마 동남아시아에 있는 국가로, 다수의 버마족과 여러 소수 민족으로 이루어져 있다. 1989년에 군사 정권이 '미얀마'로 나라 이름을 바꿨지만, 거기에 저항하는 이들이나 국제사회에서는 '버마'라는 본래 이름을 혼용하기도 한다.

도 러시아와 동유럽을 다스리는 킵차크 칸국, 이슬람 지역을 다스리는 일 칸국, 중앙아시아를 차지한 차가타이 칸국과 오고타이 칸국 등 네 개의 칸국으로 이루어져 있었다. 칸국이란 '우두머리'를 의미하는 칸이 다스리는 나라를 뜻하는데, 이들은 모두 제국의 일부를 이루는 주권 국가였다. 이처럼 광대한 칸국 연합 제국의 중심에 있던 나라가 바로 원나라였다.

마르코 폴로는 1292년에 중국 남방의 최대 무역항 취안저우를 출발한 뒤 남중국해, 말라카 해협, 인도양, 아라비아해, 페르시아만의 호르무즈항을 거치는 3년의 항해 끝에 고향으로 되돌아갔다. 그때까지 그가 원나라에 머물렀던 17년은 그야말로 인류 역사상 가장 강성했던 제국의 중심 국가가 절정기를 지나는 시기였다. 변방에 불과한 서유럽 출신 젊은이에게 그 경험이 얼마나 강렬했을지는 짐작하고도 남음이 있다.

마르코 폴로와 쿠빌라이
몽골의 칸 쿠빌라이는 마르코 폴로를 신임하여 곁에 두고 등용했다. 옥스퍼드 보드레이안 도서관에 소장된 이 그림은 원나라 황제 쿠빌라이와 신료들을 마치 유럽의 황제와 성직자들처럼 묘사한 것이 흥미롭다.

마르코 폴로가 동쪽으로 간 까닭은

마르코 폴로에서 콜럼버스로

고국으로 돌아간 마르코 폴로는 이듬해인 1296년 전쟁에 휩쓸리게 되었다. 베네치아와 제노바 사이에 '코르출라 해전'이 발발한 것이다. 마르코 폴로는 이 전투에 참전했다가 베네치아군이 패전하면서 포로가 되어 감옥에 갇혔다. 그때 마침 작가 루스티치아노가 마르코 폴로와 함께 수감 생활을 하게 되었다.

루스티치아노는 마르코 폴로의 신기한 동방 여행기를 듣고는 감동해서 감옥 생활 내내 그의 이야기를 받아 적었다. 루스티치아노의 기록은 마르코 폴로가 석방된 1298년 세상의 빛을 보며 출간되었다. 《세상 이야기》라는 제목을 달고 나온 이 책은 곧 유럽 전역에서 선풍적인 반향을 불러일으켰다.

마르코 폴로는 이 책에 실크로드를 넘나들던 자신의 여행담부터 동방 각국에 대한 이야기까지 모든 것을 다 담았지만, 무엇보다 사람들의 반응을 불러일으킨 것은 원나라 이야기였다. 마르코 폴로가 묘사한 원나라의 모습은 상대적으로 뒤떨어져 있던 유럽 사람들에게는 신비경 그 자체였다. 산에서 캐는 불타는 검은 돌인 석탄, 소액부터 고액까지 9개의 등급으로 발행되어 널리 통용되는 지폐, 세계에서 가장 훌륭하고 고상한 도시 항저우, 프랑스 파리 따위는 후진적인 뒷골목으로 여기게 만드는 100만 대도시 대도 등 원나라의 면모는 놀라웠다. 그 내용은 유럽 사람들이 보지도 않고 믿어 버리기에는 너무나도 새롭고 선진적이었다.

코르출라 해전
1298년 제노바와 베네치아 함대가 크로아티아 아드리아해에 위치해 있는 코르출라섬에서 벌인 전투. 13~14세기 피사, 베네치아, 제노바 등이 서로 지중해 및 레반트 무역을 독차지하기 위해 벌이던 전쟁 중 하나로, 특히 베네치아가 큰 피해를 입었다. 사진은 코르출라섬 벨리키 레벨린 탑의 남문.

이 《세상 이야기》가 바로 오늘날 우리가 《동방견문록》으로 알고 있는 그 책이다. 그러나 유럽 사람들은 마르코 폴로를 믿지 않았다. 실제로 가 보지도 않고 환상적인 이야기를 지어낸 것이라고 비난했다. 사실 원나라 쪽 기록에는 마르코 폴로에 관한 내용이 없다. 그래서 마르코 폴로가 과연 원나라에 갔는지, 마르코 폴로란 사람이 정말 있었는지에 관해 설들이 분분하다. 그러나 《동방견문록》에 상세하게 묘사된 당시 중국의 정세와 문화는 원나라 역사책에 기록된 내용과 거의 일치하기 때문에 이 책의 진실성은 의심의 여지가 없다.

이처럼 많은 유럽인이 마르코 폴로를 믿지 않았지만, 그런 가운데서도 《동방견문록》을 읽고 깊은 감동을 받은 사람들은 있었다. 그중 한 사람이 그 유명한 크리스토퍼 콜럼버스이다. 그가 대서양 항해를 결심하게 된 계기 중 하나가 바로 《동방견문록》이었다. 그는 관심 있는 내용에 밑줄을 긋고 토를 달아 가며 열심히 이 책을 읽었다. 그리고 마침내 이 책에 나오는 신비로운 동방 세계를 찾아 나서겠다는 마음을 먹게 된 것이다. 콜럼버스가 탄 산타마리아호에는 《동방견문록》이 신주 단지처럼 모셔져 있었다.

콜럼버스의 시대에는 마르코 폴로 때와 달리 원나라가 더 이상 중국을 지배하지 않았다. 또 콜럼버스가 목표로 한 동방 국가도 중국이 아니라 향신료로 유명한 인도였다. 그렇지만 《동방견문록》이 콜럼버스에게 동방에 대한 동경과 모험심을 불어넣

《동방견문록》 마르코 폴로가 여행했던 지역에 대한 정보와 거기 사람들이 어떤 언어를 쓰고 어떤 종교를 갖고 있는지, 어떤 동식물들이 자라는지 등을 상세히 살펴볼 수 있다. 1권은 서아시아와 중앙아시아, 2권은 쿠빌라이 칸이 다스리던 원나라, 3권은 일본, 동남아시아, 남아시아, 아프리카에 대한 기록이다.

마르코 폴로가 동쪽으로 간 까닭은

**《동방견문록》에
콜럼버스가 한 메모**

콜럼버스는 마르코 폴로의 항해를 동경하여 《동방견문록》을 열심히 읽었고, 이 책을 배에 싣고 항해를 떠났다.

어 준 것은 분명한 사실이었다.

그런데 산타마리아호가 도달한 곳은 《동방견문록》에 묘사된 선진 동방 제국이 아니라 신대륙 아메리카였다. 아메리카는 인도나 중국 같은 약속의 땅은 아니었지만 광활한 땅과 무진장한 천연자원을 유럽인에게 안겨 주었다. 또 콜럼버스의 뒤를 이어 바스쿠 다 가마라는 포르투갈의 항해가는 아프리카 대륙 남쪽 끝을 돌아 인도로 가는 항로를 발견했다.

이처럼 콜럼버스와 바스쿠 다 가마가 열어젖힌 대항해 시대는 후진적이던 서유럽을 일약 세계의 지배자로 우뚝 세웠다. 마르코 폴로는 동쪽으로 가서 서방보다 훨씬 더 선진적인 중국 문명을 목격하고 이를 서방에 전했다. 그러한 마르코 폴로의 경험은 콜럼버스 같은 도전적인 인물들을 자극해 서방이 동방으로 진출하는 '서세동점(西勢東漸)'의 시대를 앞당겼다. 결국 세계의

마르코 폴로의 왕복 이동 경로

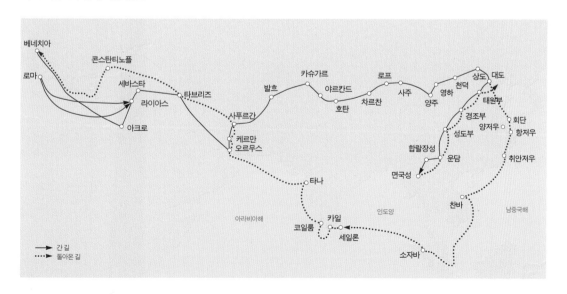

주류가 동양에서 서양으로 바뀌는 과정에서 마르코 폴로와 그
의 《동방견문록》은 매우 중요한 역할을 했다고 할 수 있다.

베네치아
118개의 섬 사이로 200개가
넘는 운하가 흐르는 물의 도시.
400여 개의 다리로도 섬들을
다 잇지 못해 배들이 택시처럼
섬과 섬 사이를 누빈다.

마르코 폴로가 동쪽으로 간 까닭은

13

서쪽으로 간 정화,
더 서쪽으로 간 콜럼버스

해상 실크로드와 대항해 시대

명나라의 세계 지도에 아메리카 대륙이? 일부 연구자들이 1418년(명나라 영락 16)에 그려진 〈천하제번식공도〉를 18세기에 모사한 것이라고 주장하는 세계 지도. 그 주장이 사실이라면 중국인 이 콜럼버스보다 먼저 아메리카 대륙을 발견한 셈이지만, 이를 뒷받침하는 근거는 제출되지 않았다.

앞서 우리는 마르코 폴로의 《동방견문록》이 콜럼버스의 대서양 항해에 영향을 미쳤다는 것을 알았다. 콜럼버스는 거의 600년 전에 활약한 이탈리아의 항해가이지만 그의 이름은 별로 낯설지 않다. 교과서에도 많이 나오고 영화나 게임 등으로도 널리 알려졌기 때문이다.

그러나 콜럼버스보다 조금 앞선 시기에 중국의 정화(鄭和)라는 항해가가 있었다고 하면, 대부분은 "그게 누군데?"라고 할 것이다. 우리나라와 매우 가까운 중국 사람이었는데도 그의 이름은 교과서에도 잘 나오지 않고 텔레비전이나 인터넷으로 접하기도 쉽지 않다. 그래서 정화라는 사람이 콜럼버스에 비해 항해가로서 이룬 것이 적었으리라고 짐작하는 독자가 많을 것이다.

그러나 실상은 다르다. 콜럼버스와 같은 15세기에 항해에 나선 정화는 콜럼버스의 탐험선보다 훨씬 더 큰 규모의 함대를 이끌고 훨씬 더 넓은 지역을 탐험했다. 그래서 미국의 주요 일간지 <뉴욕 타임스>는 1999년 특별 기획을 통해 지난 천 년간 동서 교류의 상징적 인물로 정화를 꼽기도 했다.

그렇다면 우리는 왜 콜럼버스는 잘 알면서 정화는 모를까? 이제부터 그 이유를 찾아 바다의 실크로드로 들어가 보겠다.

콜럼버스
1451년 이탈리아 제노바에서
태어난 탐험가이자 항해가.

대항해 시대와 세계 최강대국 중국

중국이라는 나라를 표현하는 말 가운데 '지대물박(地大物博)'이라는 것이 있다. '땅은 넓고 물산(物産)은 풍부하다'라는 뜻이다. 실제로 세계 지도를 펴 놓고 보면 중국만큼 혜택받은 곳에 자리 잡은 나라도 없다. 넓은 땅과 기름진 농토를 배경으로 중국은 인류 역사의 대부분을 세계에서 가장 부강한 나라로 군림해 왔다.

반면 오늘날 세계 최강이라는 미국이 강대국으로 떠오른 것은 19세기 말이고, 미국의 모체인 서유럽도 17세기나 되어서야 세계 무대에서 큰소리를 칠 수 있었다. 서유럽은 15세기 전까지만 해도 이슬람이라는 큰 문명권의 변두리에 지나지 않았다. 그렇다면 15세기부터 무슨 일이 있었기에 그 짧은 시간 동안 서유럽이 급성장해 세계의 중심으로 빠르게 진입할 수 있었을까?

15세기 초 이래 서유럽의 화두는 '바다'였다. 유럽인은 아프리카 희망봉을 돌아 인도로 나아갔고, 대서양을 건너 미지의 대륙으로 배를 몰았다. 이 '대항해 시대'를 활짝 열어젖힌 상징적인 인물이 바로 크리스토퍼 콜럼버스이다. 그가 대서양을 횡단해 아메리카 대륙에 도달한 것은 인류 역사의 흐름을 바꾸어 놓은 대사건이었다. 그 뒤 서유럽은 전 세계를 향해 팽창을 거듭한 끝에 아편 전쟁을 일으켜 1842년에는 세계 최강 중국을 무릎 꿇렸다.

그러나 강대국 중국이 대항해 시대에 바다에 대해 눈을 감고 있었던 것만은 아니다. 중국도 큼직한 배들을 만들고 바다로 진출했다. 15세기 중국의 '대항해 시대'를 주도한 인물은 정화(鄭和)라는 이슬람계 명나라 사람이었다. 당시는 명나라가 원나라를 몰아내고 중국을 차지한 지 얼마 안 된 시기였다. 그런데 몽골 세계 제국의 중심 국가 원나라는 역사상 가장 완벽한 동서 교역로를 구축한 나라였다. 그랬던 원나라가 몽골 초원으로 쫓겨 가 육지의 실크로드 주변에 자리 잡자, 명나라에 남아 있는 교류 루트는 바다의 실크로드뿐이었다. 명나라를 세계 제국으로 만들고 싶어 했던 제3대 황제 영락제(재위 1402~1424)는 정화를 이 바다의 실크로드에 보내 자신의 위엄을 전 세계에 떨치도록 했다.

이제 같은 15세기에 활약한 동양의 정화와 서양의 콜럼버스를 비교하면서 대항해 시대가 시작될 무렵 바다의 실크로드에 초점을 맞추도록 하자.

정화의 남해(南海) 원정

1422년 삼보태감(三保太監)* 정화가 이끄는 명나라 함대가 동아프리카 해안의 교역 중심지 가운데 하나인 말린디*에 도착했다. 중국 함대에는 말린디 인구보다 더 많은 2만 7,000여 명의 선원이 타고 있었다. 중국과 아프리카 사이의 교역은 기원전 2, 3세기부터 계속되었지만, 중국 황제의 사절이 직접 아프리카

삼보태감 정화의 원래 이름은 삼보(三保)였고, 태감(太監)은 환관 중에서 가장 높은 직위를 말한다.

말린디 케냐의 항구 도시로, 인도양에 진출한 무슬림 상인들이 이곳에서 무역을 활발히 했다. 정화뿐만 아니라 훗날 포르투갈의 바스쿠 다 가마도 말린디에서 인도 항해를 이어 나갔다.

서쪽으로 간 정화, 더 서쪽으로 간 콜럼버스

땅을 밟은 것은 그때가 처음이었다.

이처럼 중국의 함선들이 싱가포르, 자바, 수마트라, 인도 등을 거쳐 머나먼 아프리카까지 진출하게 된 것은 앞서 본 것처럼 영락제의 뜻이었다. 그는 중국의 전성기였던 당나라 때의 국력을 회복하고 그 영화를 전 세계에 떨치고 싶어 했다. 그래서 관료들에게 배 주조와 함대 조직을 명령하고 그 책임을 이슬람 출신인 정화에게 맡겼다.

정화는 한족의 명나라가 몽골인의 원나라를 중국 땅에서 밀어내던 격동의 시기에 중국 남서부에 있는 윈난성에서 태어났다. 그의 성은 본래 마(馬)씨였는데 이것은 '무하마드'에서 따온 말로 이슬람계 사람들이 사용하던 성씨였다. 1382년 윈난성이 명나라의 공격을 받자 그의 아버지는 끝까지 원나라 편에서 싸우다 살해되고 어린 정화는 거세당해 환관으로 길러졌다.

이처럼 불우한 어린 시절을 보낸 정화는 영락제를 만나 섬기면서 정씨 성을 하사받고 인생 역전의 계기를 잡았다. 그 당시 인도양의 교역로를 장악하고 있던 주역은 아랍, 이란, 인도 등의 이슬람계 상인들이었다. 따라서 그러한 바다 세계에 뛰어드는 데는 이슬람 출신으로 아라비아어에 능통한 정화가 적임이었다.

정화는 1405년부터 1433년까지 모두 일곱 차례에 걸쳐 대함대를 이끌고 남중국해로 나갔다. 그는 남중국해의 태풍과 인도양의 사이클론을 헤치고 동남아시아에서 서

기린 선물
정화의 함대가 호르무즈에 갔을 때, 그곳 왕은 명나라 황제에게 보내는 선물로 기린 등 희귀한 동물도 실어 보냈다.

남아시아를 거쳐 아프리카에 이르는 30여 나라를 방문했다. 그리고 그곳에서 명나라의 국위를 떨치고 무역의 이익을 얻었다. 정화의 원정으로 바다에 대한 중국인의 인식이 새로워졌고, 중국인이 동남아시아 각지로 진출해 본격적인 화교(華僑)* 사회가 발달하기 시작한 것도 그때였다.

화교 외국에서 사는 중국 사람을 일컫는 말.

콜럼버스의 대서양 횡단

1492년 크리스토퍼 콜럼버스가 이끄는 에스파냐 선단은 장장 2,000킬로미터에 이르는 대서양 항해 끝에 '인도'로 짐작되는 육지를 발견했다. 그 순간 후앙 베르메호라는 선원은 "티에라(육지다)!"라고 목청껏 외쳤다. 벌떡 일어난 콜럼버스와 선원들은 새벽안개 속에 거무스름하게 다가오는 땅덩어리를 바라보며 일제히 환호를 올렸다. 세 척의 배에 나누어 탄 선원들은 '지중해도 아프리카 남단도 거치지 않고 동방으로 가는 제3의 뱃길'을 찾아 에스파냐의 팔로스항을 떠난 사람들이었다.

그 당시 동방 국가들 가운데서도 특히 인도는 유럽에서 폭발적인 인기를 끌고 있던 향신료와 금이 풍부하게 나는 곳이었다. 유럽에서 이 꿈의 나라로 가려면 내륙이나 지중해를 통해 동쪽으로 곧장 가는 것이 가장 손쉬운 방법이었다. 그러나 지중해와 그 일대는 유럽에 적대적인 오스만 튀르크 제국이 차지하고 있었다. 따라서 유럽

신대륙 발견
19세기 크리스티안 루벤의 그림으로, 콜럼버스가 이끄는 선단이 신대륙을 발견한 당시의 기쁨을 묘사했다.

서쪽으로 간 정화, 더 서쪽으로 간 콜럼버스

인은 인도로 가는 우회로를 찾지 않으면 안 되었다. 대항해 시대를 연 포르투갈 사람들은 이 우회로를 찾아 아프리카 서쪽을 더듬었다. 아프리카 대륙 남쪽 끝을 돌아서 인도양으로 가면 이슬람 세력과 충돌하지 않고도 인도로 갈 수 있었기 때문이다.

그런데 이처럼 먼 길을 돌아갈 것 없이 반대편인 서쪽으로 대서양을 가로질러도 인도와 만날 수 있다고 주장하는 사람이 나타났다. 바로 콜럼버스였다. 그는 포르투갈로 진출해 아프리카 북해안과 그린란드 앞바다를 누비고 다니던 이탈리아 항해가였다. 콜럼버스는 친구인 수학자 토스카넬리*에게서 지도를 구해 연구한 결과, 서쪽으로 항해해도 인도에 도달할 수 있다는 확신을 가지게 되었다. 그리하여 1484년 포르투갈 왕 주앙 2세에게 대서양 항해 탐험을 제안했으나, 아프리카 남단의 희망봉을 돌아가는 항해를 계획하고 있던 왕은 이 제안을 거절했다.

그러자 콜럼버스는 포르투갈을 떠나 에스파냐로 갔다. 그 당시 에스파냐는 카스티야와 아라곤으로 나뉘어 있었는데, 카스티야 여왕 이사벨 1세와 아라곤 왕 페르난도 2세는 부부였다. 그들은 이웃 포르투갈이 앞서 이끌던 해외 진출에 관심을 갖고 있었다. 그래서 무모해 보이는 콜럼버스의 제안을 받아들였다. 1492년 '콜럼버스는 발견한 토지의 부왕(副王)으로 임명될 것이며, 이 직책과 새로이 발견된 지역에서 얻어지는 모든 이익의 10퍼센트를 취득한다는 특권은 대대로 자손에게 물려준다'는 계약이 이루어지고, 콜럼버스에게 자금과 배가 지원되었다.

토스카넬리 이탈리아의 수학자이자 천문학자. 포르투갈의 리스본 궁정에 향료제도(香料諸島)를 향해 서쪽으로 항해하는 지도와 서한을 보냈는데, 콜럼버스가 이것을 첫 번째 항해 때 가져갔다. 토스카넬리는 1456년 핼리 혜성을 비롯해 혜성들을 관찰하고 그 궤도를 연구하기도 했다.

그 당시 많은 사람들은 콜럼버스 일행이 인도에 도달하기는 커녕 살아 돌아오지도 못할 것이라고 믿었다. 사실 여러 측면을 고려할 때 콜럼버스의 제안을 거부한 주앙 2세의 판단은 신중한 것이었고, 이사벨 여왕의 선택은 모험이었다. 그러나 콜럼버스는 2개월이 넘는 항해 끝에 '인도의 서쪽'으로 여겨지는 땅에 보란 듯이 도착했고 그곳에 식민지를 개척했다. 그보다 6년 뒤인 1498년에는 포르투갈의 바스쿠 다 가마가 아프리카 남쪽 끝을 돌아 마침내 진짜 인도에 도착했다.

콜럼버스와 바스쿠 다 가마의 성공을 본 유럽인은 일제히 흥분하며 저마다 '황금의 땅'을 찾아 대서양으로, 인도양으로 나서기 시작했다. 이 열풍은 그때까지 세계의 변두리였던 서유럽을 세계로 팽창시키는 원동력이 되었다.

이사벨 1세 여왕
카스티야의 여왕으로서 아라곤의 페르난도 2세와 결혼해 영토를 통합하고 에스파냐를 재통일했다.

정화 대 콜럼버스

앞에서도 말한 것처럼 항해와 모험의 역사를 말할 때 우리는 정화라는 이름을 빼놓고 지나가는 경우가 많다. '대항해' 하면 으레 콜럼버스나 바스쿠 다 가마, 마젤란 같은 유럽인을 떠올리게 마련이다. 그러나 정작 15세기의 세계로 가서 정화의 '서양취보선(西洋取寶船)*'과 콜럼

서쪽으로 간 정화, 더 서쪽으로 간 콜럼버스

취보선 각지의 지배자들에게 황제가 내리는 하사물과 그들이 황제에게 바치는 예물을 운반하는 배.

버스의 산타마리아호를 비교해 보면, 우리의 고정 관념은 여지없이 깨지고 만다.

정화의 대함대에 비하면 그보다 몇 십 년 뒤에 활약한 콜럼버스의 탐험선들은 장난감에 지나지 않았다. 정화의 함대는 항해에 나설 때마다 62척의 대범선과 이들을 따르는 백 수십 척의 함정으로 이루어졌다. 반면, 팔로스항을 떠난 콜럼버스의 배는 핀손이라는 부유하고 유능한 선장이 제공한 산타마리아호 한 척과 이사벨 여왕이 준 두 척을 합쳐 겨우 세 척뿐이었다.

시기적으로도 정화는 콜럼버스와 바스쿠 다 가마보다 거의 한 세기나 앞서 인도양에 도달했다. 따라서 우리가 그들을 정당하게 대접한다면 서양의 내로라하는 대탐험가들을 다 합쳐도 정화 한 사람에 못 미친다고 보는 게 옳다. 지금도 말레이시아의 항구인 말라카나 인도네시아, 타이, 미얀마, 캄보디아, 베트남, 필리핀 등지에서는 정화를 바다의 신으로 기리는 수많은 유적들을 찾아볼 수 있고, 그가 싹을 키운 화교들이 전 세계 바다

서양 항해가들의 신항로 탐험

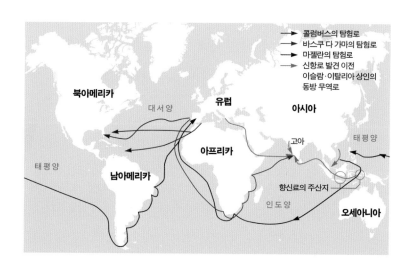

와 육지를 누비고 있다는 걸 알 수 있다.

그런데도 정화가 많은 세계인에게 철저히 잊힌 것은 서양 중심으로 서술되는 역사책의 책임이 크다. 이러한 서양 중심 사관이 오늘날 대세를 이루게 된 원인 중 하나는 중국이 정화의 후계자를 더 이상 배출하지 않고 외부 세계에 문을 닫아 버렸기 때문이다. 정화가 7차 항해를 무사히 마치고 귀환했을 때 그를 기다리고 있던 것은 원양 항해 금지라는 청천벽력 같은 명령이었다. 상업을 천하게 여기고 대규모 함대의 운영을 국고 낭비라고 여긴 유학자 관료들이 영락제가 죽은 뒤 목소리를 높인 탓이다. 중국 자체가 '지대물박'한데 무엇하러 인력과 경비를 들여 이역만리까지 돌아다니느냐는 것이었다. 정화는 난징 사령관으로 좌천되고 그가 이끌던 거대한 함선들은 양쯔강의 정박장에서 썩어 갔다.

그에 비해 기껏해야 20미터 정도밖에 되지 않는 돛단배로 아프리카 연안과 대서양을 들락거리던 유럽인은 곧 거인으로 성장했다. 그들을 키운 것은 비좁고 보잘것없는 나라에서 벗어나 외국에서 한밑천 잡아야겠다는 모험 정신이었다.

그리하여 19세기 말 이래 세계의 바다는 서양 사람들이 주름잡아 왔다. 대항해 시대 이래 서양은 꾸준히 바다로 진출한 반면, 중국을 비롯한 동양은 쇄국 정책을 펴면서 바다를 멀리했기 때문이다. 하지만 오늘날 한국과 중국을 비롯한 동양 여러 나라도 서양 못지않게 대양을

서쪽으로 간 정화, 더 서쪽으로 간 콜럼버스

누비고 있다. 여기에는 사실 정화 선단처럼 지금은 잘 알려져 있지 않은 해양 활동의 전통이 있었다. 우리에게 해상왕 장보고와 같은 자랑스러운 전통이 있듯이 말이다.

사실 오늘날의 바다는 정화와 콜럼버스의 시대처럼 단순히 육지와 육지를 잇는 교류의 길에 그치지만은 않는다. 각종 대기오염으로 얼룩진 육지를 대신해 인류의 미래를 밝혀 줄 자원의 보고이자 활동 무대로서 바다의 가치는 나날이 커지고 있다. 따라서 동서양이 오랜 세월 발전시켜 온 항해의 기술은 앞으로 더 많은 육지로 나아가 그것을 차지하려는 경쟁보다는 인류의 생활 영역을 확대하는 협력에 더 많이 쓰여야 할 것이다.

정화의 대범선 vs. 콜럼버스의 산타마리아호
정화의 대범선들은 각각 길이 120미터, 폭 40미터에 이르는 1,500톤급의 거대한 함선으로, 무려 50개 이상의 선실을 갖추고 있었다. 그러나 콜럼버스의 산타마리아호는 길이 27미터에 폭 9미터였고, 다른 두 척까지 합쳐 봐야 400톤을 밑돌았다. 선원 수는 정화의 함대가 2만 7,000명이었던 반면, 콜럼버스의 선단은 90명이 채 안 되었다. 정화 함대의 배 한 척에 콜럼버스의 산타마리아 선단을 다 싣고도 남는다는 이야기다. 세계 역사에서 정화의 함대 같은 대규모 함선의 이동은 그로부터 500년이 지난 제1차 세계 대전까지는 어디서도 찾아볼 수 없었다고 한다.

14

도자기 세계화의
시발점이 된 임진왜란

조선의 청화백자와 '세라믹로드'

마이센 자기 독일 동부 작센주에 있는 마이센은 1710년 유럽에서는 처음
으로 동아시아의 기술을 받아들여 유럽 도자기 제조의 중심지로 발전했다.

임진왜란은 한·중·일 삼국에 모두 큰 피해를 주었다. 침략자 일본은 전쟁을 일으킨 도요토미 가문의 막부가 몰락하는 정변을 겪었지만, 아무래도 피해는 조선보다 덜할 수밖에 없었다. 게다가 전쟁 전만 해도 조선과 중국에 비해 한참 뒤떨어져 있던 일본의 도자기 문화가 획기적으로 발전하게 되었다. 일본이 포로로 잡아 간 조선인 도공들 덕분이었다. 그들은 이때 발전시킨 도자기 문화를 서양에 전파해 이후 유럽의 후진적인 도자기 문화를 발전시키는 데도 기여했다.

당시 일본에선 차를 마시는 다도(茶道)가 유행하고 있었기 때문에, 기술적으로 앞선 조선의 도공이 필요했다. 그런 도공 가운데 이삼평이라는 인물이 있었다. 오늘날 일본에 가면 이삼평이 도자기의 신으로 받들어지고 있는 것을 볼 수 있다.

이 장에서는 중국에서 시작해 조선에서 꽃을 피운 자기 기술이 일본을 거쳐 전 세계로 널리 퍼져 나간 이야기를 하도록 하겠다. 그러는 가운데 도자기가 실려 나가던 길이라서 '세라믹로드'라고도 불리는 해상 실크로드의 역사가 한눈에 들어올 것이다.

도자기란 무엇인가?

둘 다 흙으로 빚은 그릇을 의미하는데 도자기는 무엇이고 자기는 무엇일까? 그 계보와 역사를 알아야 다음으로 넘어갈 수 있으니 이에 대한 설명부터 하도록 하겠다.

먼저 도자기란 도기(陶器)와 자기(磁器)를 아울러 부르는 이름이다. 해상 실크로드를 '세라믹로드'라고 부른다는 데서 알 수 있듯이 영어로는 세라믹(ceramic)이다. 도자기 가운데 먼저 등장한 것은 도기이고, 그릇 만드는 기술이 한참 더 발전한 뒤에 나온 것이 자기이다.

인류가 흙으로 그릇을 빚게 된 것은 지금으로부터 만 년 전 무렵이다. 우리나라 신석기 시대를 대표하는 그릇이 빗살무늬토기라는 이야기는 아마 귀가 닳도록 들었을 것이다. 아름다운 빗살 무늬를 가지고 있는 빗살무늬토기는 우리나라뿐 아니라 유라시아 대륙 곳곳에서 보이는 신석기 시대의 국제적인 그릇이다.

이러한 토기가 발달하면서 도기가 등장하게 된다. 도기는 700~900도에 이르는 불에서 구운 그릇이다. 그런데 우리가 토기라고 부르는 그릇들도 눈으로 봐서는 도기와 구분하기 어렵다. 그래서 토기를 도기의 범주에 넣어 부르기도 한다. 신석기 시대의 빗

빗살무늬토기
그릇 표면에 빗살같이 길게 이어진 무늬가 특징인 토기로, 신석기 시대를 대표하는 유물이다. ⓒ국립중앙박물관

살무늬토기나 삼국 시대 토기 가운데 유약*을 입히지 않은 화분이나 흙으로 만든 관, 기와 등이 여기에 속한다고 볼 수 있다.

도기 가운데 좀 더 기술적으로 발전해 1,000도와 1,200도 사이에서 구운 것을 석기(炻器)라 부르기도 한다. 통일 신라 때의 단단한 도기와 고려청자 가운데 일부, 그리고 그 유명한 영국의 본차이나(Bone China)* 등이 이에 해당한다.

이처럼 토기, 도기, 석기 등 여러 가지 이름을 대니까 "아, 또 외워야 해?"라며 한숨짓는 친구들 얼굴이 떠오른다. 그럴 필요는 없다. 뜻만 이해하고 잊어버려도 된다. 그냥 도자기에는 도기와 자기가 있는데 그중 석기처럼 과도기에 속하는 그릇도 있었다는 정도만 기억하고 넘어가자.

자, 그렇다면 자기라는 것이 무엇이기에 지금까지 말한 그릇들보다 발달된 그릇일까? 앞서 살펴본 도기는 대부분 900도 이하에서 굽기 때문에 재질이 무를 수밖에 없다. 따라서 이렇게 구운 도기로 차를 끓여 마시면 그릇에서 흙이나 다른 첨가물이 새어나와 함께 마시게 될 수도 있다. 그러다 보면 자연히 각종 질병에 걸릴 걱정도 있었다. 우리가 책에서 보는 고대 그리스나 로마의 아름다운 도기들도 다 이런 단점을 가지고 있었다. 임진 왜란 이전의 일본 도기들도 마찬가지였다.

그런데 자기는 최소한 1,200도 이상, 엄밀히 말하자면 1,250도 이상의 고온에서 굽기 때문에 재질이 단단해지고 표면에 은은한 막이 형성된다. 당연히 재료의 이물질이 새어 나올 일이

유약 도자기를 제조하는 과정에서 광택, 색이나 질감을 내기 위해 표면에 바르는 물질.

본차이나 진흙에 동물의 뼛가루를 섞어서 구워 낸 도기. 영국에서 고령토를 구할 수 있는 곳이 없어 대신 소뼈를 사용한 것이 그 시작이라고 한다.

도자기 세계화의 시발점이 된 임진왜란

없으므로 안심하고 음식을 즐길 수 있다. 이처럼 고도의 기술로 탄생한 가장 발달한 그릇이 자기이다. 우리가 자랑하는 고려청자와 조선백자가 바로 이러한 자기에 속한다.

우리는 이제 우리나라와 중국이 세계의 다른 나라들보다 도자기의 역사에서 훨씬 앞서 나갔다는 것을 안다. 그것은 바로 자기를 발명한 시기가 단연 앞섰다는 뜻이다. 자, 그러면 이렇게 도기에서 자기로 진화해 온 세계 도자기의 역사를 구체적으로 살펴보자.

청자 vs. 백자

고려청자가 색깔도 예쁘고 모양도 고급스럽기 때문에 조선백자보다 우수한 그릇이라고 생각하기 쉽다. 그러나 사실은 백자가 청자보다 더 발달한 단계의 그릇이다. 서양에서도 청자 계통의 자기는 셀라던(celadon)이라 하고 백자 계통은 포슬린(porcelain)이라고 해서 구별한다. 고려보다 더 발달한 왕조인 조선의 저력을 과소평가하지 말자.

ⓒ 국립중앙박물관

청자 음각 연꽃 넝쿨 무늬 매병

백자 항아리

'넘사벽'이었던 중국과
우리나라의 자기 기술

자기는 크게 청자와 백자로 구분하는데, 그 가운데 초보적인 것에 가까운 청자가 중국에서 등장한 시기는 서기 3~6세기 위진남북조 시대부터였다. 우리나라의 삼국 시대에 해당하는 이 시기에 원시적인 형태의 청자가 본격적으로 발달하면서, 동아시아의 그릇은 도기를 넘어 자기가 주류를 이루게 되었다.

나아가 중국에서 백자의 생산이 본격화된 시기는 고려에서 한창 청자가 발달하던 10세기 송나라 때였다. 청자보다 더 순도 높은 재료와 높은 온도의 불이 필요한 백자는 오랜 세월 반복된 노력의 결과로 얻어진 도자 기술의 승리였다.

백자 하면 조선의 달항아리처럼 순수하고 담백한 아름다움을 가진 하얀 그릇을 떠올리게 된다. 그런 백자를 만들어 내는 것 자체가 이미 하이테크의 승리였다. 여기서 나아가 중국은 원나라 때부터 서방에서 들어온 코발트 안료로 백자에 무늬를 입힌 청화백자(靑華白磁)를 생산했다. 완벽한 품질에 화려한 무늬까지 곁들여진 청화백자는 안료의 원산지인 이슬람, 유럽 등지로 수출되어 큰 인기를 얻었다.

이 같은 청화백자를 주로 생산하던 곳이 도자기의 성지처럼 알려진 징더전 가마였다. 중국 산시성에 자리 잡고 있는 징더전에서 출시되는 도자기들은 오늘날에도 최고의 가치를 인정받

도자기 세계화의 시발점이 된 임진왜란

황지분채 꽃무늬 코끼리귀 병
18세기 청나라. 다양한 색의 안료로 화려하게 장식한 채화 자기. 유약을 발라서 구운 후에 채색을 하여 낮은 온도에서 다시 굽는다.

백자 청화 모란·당초 무늬 반
14세기 원나라. 서방에서 들어온 코발트 안료로 백자에 무늬를 입힌 청화백자.

마이센의 법랑채 식기
1735년 독일. 18세기 초 독일 마이센에서 경질 백자가 완성되면서 유럽도 뒤늦게 자기의 시대로 접어들었다.

고 있으며, 심지어는 징더전 작품을 가장한 가짜 도자기까지 시중에 돌아다닌다고 한다. 청화백자와 더불어 그림을 그려 넣은 채화자기(彩畵磁器)는 명나라와 청나라 때 유럽에서 선풍적인 인기를 끌어 '시누아즈리'라는 말까지 탄생시켰다. 시누아즈리는 '중국 취미'라는 뜻이다.

필자도 터키의 이스탄불에 있는 오스만 제국의 황궁인 톱카프 궁전에서 엄청난 인기를 얻었던 중국 자기의 흔적을 볼 수 있었다. 지금은 박물관으로 사용하는 이 궁전의 넓은 도자기 전시실을 대부분 중국의 화려한 자기들이 채우고 있다. 오스만 제국은 19세기까지 이슬람 세계를 다스리고 유럽에까지 막강한 영향력을 행사한 나라였다. 그런 나라의 황제인 술탄칼리프들이 이처럼 중국 자기에 매료되었다는 사실은 당시 세라믹로드가 얼마나 흥청거렸을지 짐작하게 한다.

그렇다면 우리나라는 어땠을까? 우리는 삼국 시대부터 중국의 도자 기술을 받아들여 독자적인 도자기 문화를 발달시켜 왔다. 그리고 마침내 고려 시대에 독보적인 청자를 빚어내기에 이르렀다. 고려에서 발달한 상감청자는 당대 세계 최고 수준의 자기라고 말할 수 있다. 그리고 앞서 말한 것처럼 조선 왕조는 청자보다 한 단계 발전한 백자를 중국과 나란히 생산할 정도로 도자기 선진국이었다.

이 같은 첨단 기술이 일본으로 전파된 계기가

톱카프 궁전
1465년부터 1856년까지 400년 가까이 오스만 제국의 술탄이 살았던 궁전. 처음에는 예니 사라이('신궁전')라 불리다가 나중에 궁전 내 한 구역의 이름을 따 '대포의 문'을 의미하는 지금 이름으로 바뀌었다.

도자기 세계화의 시발점이 된 임진왜란

바로 임진왜란이었다. 종이 만드는 기술도 먼 옛날 고구려의 담징 스님이 일본에 전해 주었는데, 이번에는 침략을 당해 강제로 자기 만드는 기술을 전파하게 된 셈이다.

유럽이 자기를 만들기 시작하다

이삼평을 비롯한 조선 도공의 힘으로 자기를 만들기 시작한 일본은 무역을 하러 자기 나라에 들어오던 포르투갈과 네덜란드 상인들을 통해 유럽에 자기를 수출했다. 17세기 들어 조선의 영향을 받은 일본 자기가 중국 자기에 이어 유럽을 휩쓸기 시작한 것이다. 이처럼 일본 자기까지 수입하면서 동양의 도자 문화에 푹 빠져든 유럽은 서서히 자신들도 그런 자기를 만들고 싶다는 생각을 하게 되었다. 그러한 생각을 실천에 옮긴 것은 다음 세기인 18세기 들어서의 일이었다.

조선 숙종 때에 해당하는 1709년, 독일 작센 왕국의 수도인 드레스덴의 교외에 있는 마이센 가마가 그 역사적 무대였다. 여기서 유럽 최초의 자기를 만드는 데 성공한 것이다. 그리고 영조 때에 해당하는 1725년에는 유럽도 청화자기와 채화자기를 만들기 시작했다. 1716년에는 오스트리아 빈, 1717년에는 이탈리아 베네치아, 1735년에는 피렌체, 1737년에는 덴마크의 코펜하겐, 1743년에는 러시아 상트페테르부르크에서 잇따라 자기가 만들어졌다. 중국이 1,400년 전에 이미 만들기 시작한 자기를 비로소 스스로 만들 수 있게 된 것이다.

이제 해상 실크로드를 따라 동에서 서로 전파된 도자기의 역사를 정리해 보자. 중국은 두말할 나위 없는 도자기 선진국이었다. 중국의 이름을 그대로 옮긴 '차이나'가 도자기를 뜻하는 말이 될 정도로 중국은 도자기의 원산지로 인정받고 있다. 조선으로부터 자기 빚는 기술을 '약탈'해 간 일본은 17세기 이래 세계적으로 명성이 높은 도자기 선진국이 되었다. 그리고 해상 실크로드를 통해 중국과 일본의 도자기를 수입만 하던 유럽, 그중에서도 특히 영국은 오늘날 세계 도자기의 중심지로 꼽히고 있다. 여기서 우리나라 이야기가 빠질 수 없다. 우리는 이미 삼국 시대에 중국 자기를 수입하고 직접 만들면서 오랜 세월 중국과 어깨를 나란히 해 왔다. 상감 기법을 사용한 고려청자는 당대 세계 최고 수준이었고, 은은한 매력을 뽐내는 조선의 달항아리는 그 담백한 미학의 적수가 없었다.

이렇듯 월등했던 우리나라와 중국의 자기 문화가 일본과 서양으로 전파되자 그곳에서도 급속한 자기 기술의 발달이 이루어졌다. 해상 실크로드의 위력을 실감하지 않을 수 없다. 근대 들어서는 우리가 주로 서양과 일본의 과학 기술을 받아들이는 처지가 되었지만, 자기의 사례만 보아도 우리가 곧 그들 못지않은 과학 기술 수준에 이를 수 있는 저력이 있다는 것은 의심의 여지가 없다. 실크로드의 역사는 곧 문화를 흐르게 하고 상향평준화해 주는 마법의 역사였다.

도자기 세계화의 시발점이 된 임진왜란

영국의 찻주전자
1760년경. 두 종류의 차를 담
아 마실 수 있도록, 두 개의 주
구가 달려 있고 안에도 칸이 나
뉘어 있다.

프랑스의 식기
1700~1720년. 중국 백자의
영향을 고스란히 받았음을 알
수 있다.

15

최후의 유목 제국

청 제국과 실크로드의 종말

청나라의 발상지 허투아라 여진족 추장 누루하치가 1616년 후금
을 건국하고 수도로 삼은 허투아라성. 지금의 중국 라오닝성 신빈
에 있는 허투아라는 여진 말로 '가로지른 뫼'를 뜻한다.

먼 옛날의 스키타이를 제외하면 중앙아시아에서 국가나 제국을 세운 유목민은 대체로 터키 계통, 몽골 계통, 만주 계통의 세 부류로 정리된다.

터키 계통에서는 흉노, 돌궐, 위구르가 국가를 세운 대표적인 유목민이다. 몽골 계통으로는 유연, 거란, 그리고 사상 최강인 몽골 제국을 꼽을 수 있다. 마지막으로 만주 계통은 금나라와 청나라를 세운 여진족이 대표한다.

유목민은 눈에 보이지도 않다가 어느 순간 들불처럼 일어나 문명국가를 정복하고 대제국을 세우곤 했다. 그러나 20세기 초를 끝으로 유목 제국의 시대는 완전히 끝났다. 동서양에서 유목민 출신의 제국으로 마지막 테이프를 끊은 것은 터키 계통의 오스만 제국과 만주 계통의 청나라였다.

이제 그 가운데 우리 역사와 밀접한 관계를 맺었던 청나라에 대해 살펴보고자 한다. 청나라를 통해 유목 제국의 역사를 총정리하고, 유목 세력이 사라진 뒤의 세계는 어떻게 흘러 왔는지 생각해 보자.

여진족과 우리 민족

옛날부터 동아시아에서 살았던 여러 민족 가운데 우리 민족과 가장 가까운 것은 아마도 여진족이 아닐까 싶다. 우리 민족도 고대에는 만주를 생활 무대로 삼았듯이 여진족의 터전도 만주였다. 자신들의 조상이 백두산에서 왔다고 믿는 것 역시 우리 민족과 똑같다.

우리 민족이 만주에서 밀려난 시기는 발해가 거란에게 멸망한 뒤였는데, 그 후 여진족이 세운 금나라가 거란을 정복하면서 만주는 여진족의 독무대가 되었다. 사실 만주라는 이름도 여진족에게서 비롯된 것이다. 여진족은 청나라를 세울 무렵 종족의 이름을 '만주족'으로 바꿨다. 그 이유에 대해서는 그들이 불교의 문수보살을 숭배했는데, '문수'가 그들 발음으로 '만주'였다는 설이 가장 힘을 얻고 있다.

이처럼 백두산과 만주라는 공간을 공유했음에도 불구하고 우리 민족과 여진족의 생활 방식은 매우 달랐다. 우리 민족은 일찍부터 농사짓기 좋은 땅을 찾아 정착 생활을 한 반면, 여진족은 대체로 거친 땅에서 유목 생활을 하다가 농사를 짓다가 하며 살았다.*

우리 민족의 조상들이 고구려와 발해라는 강력한 국가를 세웠을 때 여진족의 조상들은 그 나라들에 복종했다. 당시 여진족의 조상은 숙신, 말갈 등으로 불리곤 했다. 당 태종은 고구려

반농반목 여진족의 생활 모습을 일컬어 농경과 유목을 섞어서 한다는 뜻에서 '반농반목(半農半牧)'이라고 한다.

에 쳐들어왔을 때 고구려 편에서 싸우던 말갈족 군사들을 붙잡아 모조리 생매장해 버린 일이 있었다. 감히 황제의 나라에 맞서 고구려 편을 들었다면서 다시는 그러지 못하게 본보기를 보이려고 벌인 짓이었다. 고구려가 망한 뒤 대조영이 발해를 세울 때에도 말갈족과 협력했다. 중국 역사책은 대조영 자신도 말갈족 출신이라고 기록하고 있다.

이처럼 우리 민족의 조상과 밀접한 관계를 맺고 살아오던 여진족의 조상들은 대개 우리 민족이 세운 나라에 복종하는 편이었다. 왕건이 고려를 세우자 여진족은 고려를 '부모의 나라'라고 부르며 섬겼다. 그러다가 12세기에 여진족이 갑자기 성장해 금나라를 세우면서 고려와 여진족의 관계는 180도 바뀌었다.

앞에서도 살펴봤지만 여진족이 나라를 세우고 '금(金)'이라는 중국식 이름을 지은 것은 스스로 중국식 황제 국가가 되겠다는 뜻이었다. 당시 중국에는 송나라가 있었는데, 금나라는 송나

말갈 토기
여진족의 조상으로 발해 주민의 일부를 이루었던 말갈족의 토기 유물. 발해는 고구려 유민과 말갈족이 연합해 건국한 다종족 국가였다.

만주족의 씨름
청나라 건륭제가 궁궐에서 씨름 경기를 관람하는 모습을 그린 그림. 만주족도 우리 민족처럼 씨름을 즐겼다.

최후의 유목 제국

라를 남쪽으로 밀어내고 중국의 화북 지방을 송두리째 차지했다. 남쪽으로 밀려난 남송과 금나라 가운데 고려와 국경을 마주한 나라는 당연히 금나라였다.

금나라는 부모의 나라로 섬기던 고려에, 거꾸로 자신들의 나라를 황제의 나라로 섬기라는 요구를 해 왔다. 당시 고려의 조정은 금나라가 시키는 대로 하자는 무리와 맞서 싸우자는 무리로 갈렸다. 금나라가 시키는 대로 하자는 무리는 금나라가 실제로 황제의 나라가 되었으니 제후국이 되어 황제를 섬기는 것은 당연하다는 논리를 폈다. 김부식 같은 유학자들이 그렇게 주장했다. 반면 승려인 묘청 무리는 고려도 황제의 나라가 되어야 한다면서 김부식에게 맞섰다. 두 세력의 싸움은 묘청이 반란*을 일으켰다가 진압된 뒤 김부식의 승리로 끝났다.

금나라가 몽골 제국에게 멸망한 뒤로 여진족은 다시 반농반목 생활로 돌아갔다. 고려가 조선으로 바뀐 뒤 여진족은 가끔씩 국경을 넘어와 노략질을 해 가는 골치 아픈 존재였다. 세종은 김종서, 최윤덕 등을 보내 여진족을 북쪽으로 몰아내고 4군 6진을 개척하기도 했다.

그렇게 우리 민족과 애증의 관계를 쌓아 왔던 여진족이 다시 세력을 과시한 시기는 임진왜란이 끝날 무렵인 17세기 초였다. 이처럼 다시 커진 여진족은 우리 역사에 태풍처럼 엄청난 영향을 미치게 되었다.

묘청의 서경 천도 운동 서경(지금의 평양) 출신 승려 묘청 등이 금나라에 사대하는 것을 반대하고 옛 고구려의 도읍인 서경으로 수도를 옮겨 황제국을 선언하자고 주장하다가 실패로 돌아가자 서경에서 대위국(大爲國)을 선언하며 반란을 일으켰다.

문명 세계와 유목 세계를 통일한 왕조

마르코 폴로 편에서도 이야기했지만 여진족의 금나라처럼 유목민이 중국을 정복하고 세운 왕조를 '정복 왕조'라 한다. 임진왜란의 여파로 중국의 명나라가 약해진 틈을 타 급격히 힘을 키운 여진족은 또 한 번의 정복 왕조를 꿈꿨다. 그래서 새로 나라를 세우면서 이름을 다시 '금'이라 했다. 앞서 수립된 금나라를 이은 것이니 역사학자들은 이를 '후금(後金)'이라 한다.

후금은 만주에서 빠른 속도로 명나라를 밀어냈다. 나아가 명나라가 차지하고 있는 중국 대륙을 다시 한 번 노렸다. 그때 후금의 등 뒤에 도사리고 있던 나라가 명나라에 철저하게 사대를 하던 조선이었다. 그래서 후금은 자신들이 명나라와 싸울 때 조선이 훼방을 놓지 못하게 하고자 조선에게 자신을 '형님의 나라'로 모시라고 요구했다. 그와 동시와 명나라와 관계도 끊을 것을 요구했다. 명나라에 대한 의리로 똘똘 뭉쳐 있던 조선이 그 요구를 거부하자 후금은 군사를 일으켜 쳐들어왔다. 정묘년(1627)에 호인 (胡人, 여진족)이 쳐들어온 전란이라 해서 이를 '정묘호란'이라 한다. 그때 조선의 인조는 강화도로 들어가 항전을 펼쳤으나 결국 후금과 강화를 맺고 '동생의 나라'가 되고 말았다.

그나마 정묘호란에서 끝났으면 조선의 피해는 상대적으로 덜했을 것이다. 왜냐하면 조선은

두 호란의 침입로와 반격로

후금을 형의 나라로 받아들였지만 명나라와 관계를 끊지 않아도 되었기 때문이다. 두 강대국 모두와 외교 관계를 맺은 셈이니까 그 관계를 어떻게 조절하느냐에 따라 고래 싸움에 새우 등 터질 일은 피할 수도 있었을 것이다. 그러나 명나라와 중국 대륙을 놓고 대결하던 후금은 조선을 편하게 내버려 두지 않았다.

청 태종 홍타이지
후금의 제2대 칸이자 청나라의 황제(재위 1626~1643).

점점 더 많은 공물을 요구하고 명나라 정벌을 위한 군사와 군비를 징발하려 했다. 게다가 조선의 사대부들은 여진족을 오랑캐로 업신여기는 생각을 버리지 못하고 있었다. 몽골계 유목민이 최고 지도자를 '칸'이라 부른다는 것은 이미 앞에서 보았다. 여진족은 같은 존재를 '한'이라 불렀다. 어떤 학자들에 따르면 우리나라에 있었던 마한, 진한, 변한 등 삼한의 '한'도 이러한 칸이나 한과 같은 말이라고 한다. 대한민국이라는 국호의 '한'도 그러한 삼한에서 유래했다. 가령 오고타이 칸국이라고 하면 '칸이 다스리는 나라'인 것처럼 삼한은 각각 '한이 다스리는 나라'인 셈이다.

아무튼 1636년 들어 후금의 제2대 칸인 홍타이지가 나라 이름을 '청(淸)'으로 바꾸고 스스로 중국식 황제로 즉위했다. 공개적으로 유교적 문명 세계의 최고 지배자인 황제, 즉 천자(天子)가 되었음을 선언한 것이다. 이제 홍타이지는 유목민의 지도자로서는 '한'이라 불리고 문명 세계의 지도자로서는 '황제'라 불

수어장대
남한산성을 쌓을 때 만들어진 4개의 장대 중 하나. 병자호란 때 인조가 직접 군사를 지휘해 청 태종의 군대와 싸운 곳이다.

최후의 유목 제국

리는 두 세계 공통의 지도자임을 자부하게 되었다. 그는 황제 즉위식을 거행하면서 아우인 조선의 국왕 인조를 초대했다. 자신의 즉위를 축하하고 으뜸가는 신하가 되어 달라는 부탁이자 요구였다.

과거 금나라도 고려에 자신들을 황제의 나라로 섬길 것을 요구한 바 있었다. 고려의 인종과 유학자들은 금나라가 이미 중국 왕조라는 점을 들어 그 요구를 받아들였다. 반면 조선의 인조와 유학자들은 명나라에 대한 의리를 고수하며 홍타이지의 요구를 거절했다.

홍타이지는 청나라를 세우고 중국식 황제가 되었다고 선언한 이상 명나라와 공존할 수 없었다. 천하에 황제가 둘일 수는 없기 때문이다. 따라서 명나라를 정복하는 데 박차를 가해야 했는데, 그러려면 '아우'인 조선 국왕의 협조가 절실했다. 그런데 인조가 자신을 황제로 인정하지 않고 계속 명나라에 대한 의리를 고집하는 한 마음 놓고 명나라와 싸우는 데 전념하기는 어려웠다. 그리하여 그해 12월 다시 한 번 조선을 침략했다. 인조를 확실히 굴복시키기 위해서였다. 병자년(1636)에 일어난 이 두 번째 호란을 '병자호란'이라 한다.

인조는 남한산성에 들어가서 50일 가까이 버티다가 끝내 성을 나와 항복했다. 홍타이지가 직접 한강변까지 와서 그 항복을 받았다. 인조는 외세에 항복한 최초의 조선 국왕이 되었지만, 그 결과가 인조 자신에게 크게 나쁜 것은 아니었다. 왜냐하면 홍타이지는 인조가 힘에 밀려 항복했지만 여전히 일국의 국왕이라면서 그에게 청나라의 제2인자에 해당하는 지위를 주었기 때문이다. 그 후 청나라는 원나라에 이어 중국 전체를 정복한 두 번째 유목 국가가 되었고, 청나라 황제는 원나라 황제처럼 유목 세계와 문명 세계를 한꺼번에 다스리는 군주가 되었다. 그처럼 막강한 청 제국 체제에서 조선 국왕은 '넘버 투'의 지위를 누린 셈이다.

청나라는 조선을 무릎 꿇린 뒤 조선의 왕자들과 청나라에 맞서 싸울 것을 주장한 신하들을 자기 나라로 끌고 갔다. 그리고 20만 명이 넘는 조선의 백성을 포로로 끌고 가서 노예로 부려먹었다. 인조에 대해 비판적인 학자들은 인조가 자기 신하와 백성을 희생시켜 '제국의 2인자' 자리를 차지했다고 말하기도 한다. 이처럼 역사상 마지막 유목 제국의 등장은 만주족에게는 영광의 순간이었지만 조선에게는 쓰디쓴 상처를 남겼다.

마지막 유목 왕조, 마지막 황제

청나라는 유목 세계와 문명 세계를 통합한 왕조답게 만주어, 몽골어, 중국어를 공식 언어로 사용했다. 어떤 역사 교과서에서는 청나라가 중국 문명을 숭상해서 만주 시절의 유목 문화를 버리고 중국에 동화하는 정책을 폈다고 쓰여 있기도 하다. 그러나 이것은 청나라 역사의 한쪽 면만을 본 잘못된 시각이다. 청나라

최후의 유목 제국

지배자들은 '한'이자 '황제'로서 이 세상 전부를 다스리는 존재라는 자부심을 잃어 본 적이 없다.

청나라가 가장 번성한 시기는 17세기 후반 강희제부터 18세기 말 건륭제에 이르는 약 150년간이었다. 그때 청나라는 티베트(오늘날의 중국 시짱자치구)와 신장(오늘날의 신장위구르자치구)을 정복해 중국 역사상 가장 넓은 영토를 확보하고 이를 지금의 중국에 물려주었다. 또한 몽골·미얀마를 포함한 불교 문화권과 중국·조선을 포함한 유교 문화권을 모두 세력권으로 확보하는 다원적 제국을 건설했다.

이처럼 유목민 출신인 만주족의 청나라가 유교 문명 세계까

유목민 출신 정복 국가의 변천

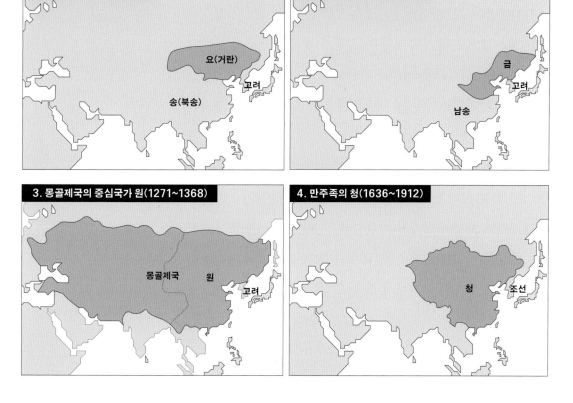

1. 거란족의 요(916~1125)
요(거란)
송(북송)
고려

2. 여진족의 금(1115~1234)
금
남송
고려

3. 몽골제국의 중심국가 원(1271~1368)
몽골제국
원
고려

4. 만주족의 청(1636~1912)
청
조선

지 완벽하게 손에 넣은 것은 적어도 싸움에서만큼은 유목민이 정착민보다 우월하다는 사실을 입증한 것처럼 보인다. 그러나 청나라가 이전의 유교 문명국가보다 우월했던 것은 단지 싸움에서만은 아니었다.

역사 속에서 명나라처럼 한족 중심으로 이루어진 중국 왕조는 '중화사상'을 내세우며 주변 민족에 대해 편협한 태도를 보였다. 중국 바깥의 이민족들을 모조리 '오랑캐'로 부르며 업신여긴 것이다. 그러나 이런 태도는 사실 몽골, 여진 등 유목민에 대한 두려움에서 나온 것이기도 했다. 언제 중국으로 쳐들어와 재앙을 안길지 모르는 유목민을 경계해 만리장성을 쌓고 그 안에 웅크리는 것이 중화주의의 다른 면이었다.

그에 비해 원나라나 청나라 같은 유목민 출신이 세운 제국은 개방적이었다. 그들은 유목민 출신으로 문명 세계까지 접수했다는 자신감으로 주변의 모든 민족에게 제국의 문호를 개방했다. 그들처럼 당나라를 세운 사람들도 유목민인 선비족의 피를 물려받았다. 그래서인지 당 태종처럼 좋은 평가를 받는 황제는 중화주의를 멀리하고 주변 세계에 개방적인 태도를 취했다. 오늘날 당나라가 중국 역사상 가장 강성한 왕조였다는 평가를 받는 것은 바로 그러한 개방성 덕분이라고 할 수 있다.

청나라의 개방적 성격과 자신감을 잘 보여 주는 황제가 건륭제이다. 그는 '십전노인(十全老人)'이란 호를 자랑스럽게 여겼는데, 이는 열 차례의 원정에서 한 번도 지지 않았다는 자부심을

최후의 유목 제국

표현한 이름이다. 그런데 이보다 더 건륭제의 특징을 잘 보여 주는 호는 '중외공주(中外共主)'이다. 여기서 '중'은 문명 세계인 중국을 가리키는 말이고 '외'는 유목 세계를 포함한 중국 밖의 세상을 가리키는 말이다. 그러니까 건륭제 자신이 중국과 그 바깥 세계를 공통으로 다스리는 세계 전체의 주인이라는 뜻이다. 이 이름 하나로 건륭제와 청나라의 스케일을 엿볼 수 있다.

청나라라는 마지막 유목 제국을 무너뜨린 것은 중국의 문명 세력이 아니었다. 바다 건너 온 서양의 또 다른 '오랑캐'들이었다. 1842년 영국 함대는 청나라를 무릎 꿇리고 오랜 세월 이어 온 중국의 패권을 무너뜨렸다. 그 여파로 청나라 황실은 중국인에 대한 통제권을 잃고 1912년 중화민국*에게 자리를 내주고 말았다. 청나라의 마지막 황제인 선통제(푸이)는 만 7세의 어린

중화민국 동아시아에 위치한 공화국으로 본래는 청나라를 멸하고 중국 대륙에 세워진 광활한 공화국이었으나 현재는 타이완 등 몇몇 섬 지역만을 통치하고 있다.

영국 함선에 의해 격침되는 청의 함선
19세기 중반 청나라와 영국이 벌인 두 차례의 '아편 전쟁'에서 청나라가 패함으로써 본격적인 '서세동점(西勢東漸)'의 시대가 열렸다.

나이로 황제 자리에서 쫓겨났다. 훗날 그는 일본이 만주에 세운 꼭두각시 국가인 만주국의 황제로 즉위하지만, 거기서 할 수 있는 것은 일제 침략자들의 눈치를 보는 일뿐이었다.

1949년 마오쩌둥이 이끄는 중국 공산당이 중국을 차지하고 중화인민공화국을 세웠을 때 이 비운의 '마지막 황제'는 교도소에 수감되어 공산당의 교정을 받았다. 그곳에서 모범수로 인정받은 그는 저우언라이 총리의 배려에 힘입어 중국인민정치협상회의 위원까지 지낼 수 있었다. 하지만 만주국 시절 얻은 암으로 인해 곧 쓸쓸한 죽음을 맞이한다.

이처럼 청나라와 마지막 황제 푸이의 종말은 곧 유목 세계의 종말이었다. 서쪽에서 유목민 출신 제국의 계보를 이었던 오스만 튀르크 제국도 1922년 터키 공화국에 자리를 내주고 역사의 저편으로 퇴장했다. 이후 지구상에 다시 청나라 같은 유목 제국은 나오지 않았다. 물론 문명 세계에서도 절대 왕권이 지배하는 전제 국가는 퇴장하고, 오늘날에는 대체로 공화제*의 형식을 취하는 민주주의 국가들이 세계를 지배하고 있다.

그러나 우리는 지난 수천 년 동안 중국이나 이슬람 같은 문명 국가들과 자웅을 겨루며 유라시아 대륙에서 역사를 진전시켜 온 유목 제국들을 잊어서는 안 된다. 그들은 때로는 끔찍한 살육과 잔인한 파괴의 상처를 인류에게 안겼지만, 문명국가의 지배자들이 갈라놓으려 했던 문명 세계와 유목 세계를 통합하려는 노력에는 오히려 앞장섰다는 사실을 기억해야 한다.

마지막 황제 푸이
청나라의 마지막 황제인 선통제는 베르나르도 베르톨루치 감독의 영화 〈마지막 황제〉의 모델이 되기도 했다.

공화제 주권이 국민에게 있는 정치 체제.

유목민뿐 아니라 우리나라 같은 주변 민족까지도 '오랑캐'로 업신여기던 중화 제국의 횡포에 맞서 유라시아 세계를 하나로 통합하려 했던 유목 제국의 이념은 오늘날에도 유효하다. 그들의 개방성과 통합의 지향성은 오늘의 세계에서도 분명히 높은 평가를 받아야 할 가치이기 때문이다.

둔황의 명사산과 월아천 실크로드의 중국 쪽 관문이던 간쑤성 둔황에 있는 모래산과 오아시스. 명사산이 끝나는 곳에 수많은 실크로드의 보물이 보관되어 있는 막고굴이 자리 잡고 있다.

16

실크로드의 보물이
왜 우리나라에 있을까

서세동점과 '실크로드의 악마들'

실크로드 약탈의 중심지 막고굴 중국 간쑤성 둔황에 있는 막고굴은 수많은 불상과 벽화가 보존되어 있는 실크로드의 보물 창고이다. 19세기 이래 숱한 열강의 탐험가들이 몰려와 이곳의 보물들을 약탈해 갔다. 그렇게 약탈된 보물의 일부는 한국의 국립중앙박물관에도 수장되어 있다.

혜초는 어릴 때 당나라로 유학을 떠났다가 더 큰 뜻을 품고 인도를 다녀온 뒤 《왕오천축국전》이라는 여행기를 남겼다. 이 책은 오랫동안 잊혔다가 20세기 들어서야 중국 간쑤성에 있는 막고굴에서 발견되었다. 당시 그 보물 같은 책을 발견한 사람은 프랑스의 고전학자 폴 펠리오였다. 펠리오는 자신이 발굴한 다른 보물과 함께 《왕오천축국전》을 프랑스로 가져갔고, 오늘날 이 보물은 파리 국립 도서관에 소장되어 있다.

소중한 문화재들이 제 나라에 있지 않고 영국, 프랑스, 독일 등 강대국에 가 있는 사례는 엄청나게 많다. 우리도 《왕오천축국전》을 포함해 16만 점이 넘는 문화재를 외국인에게 약탈당했다. 그런데 서울 용산에 있는 국립중앙박물관에도 1,500여 점의 약탈 문화재가 보관되어 있다. 하지만 조금은 안심해도 된다. 이 문화재를 약탈해 온 것은 우리나라 사람들이 아니니까 말이다.

도대체 어떻게 된 일일까? 외국에 빼앗긴 우리 문화재를 되찾을 방법은 없을까? 그리고 우리가 약탈해 온 문화재가 아니라면 본래 그것이 있었던 나라에 돌려주면 안 될까? 이런 의문을 풀기 위해 이제부터 《왕오천축국전》이 세상에서 잊혔다가 1,000여 년 만에 발견된 막고굴로 들어가 보자.

실크로드의 꽃, 둔황 막고굴

한 무제가 실크로드를 개척하면서 장안에서 서역으로 가는 길에 설치한 것이 하서 4군이었다. 기억력이 좋은 친구는 알겠지만 '하서'란 황허 서쪽이라는 뜻이다. 이처럼 황허 서쪽을 따라 설치한 4군 가운데 가장 서쪽에 있는 것이 둔황이다.

지금은 둔황 너머 신장위구르자치구가 다 중국 땅이지만, 한나라가 하서 4군을 설치할 때만 해도 둔황이 중국의 끝이었다. 그러니까 중국 사람들은 둔황을 지나면서 본격적으로 사막으로 뒤덮인 서역에 진입하게 되었던 것이다. 둔황에는 중국을 나가 서역으로 가는 관문이 두 군데 남아 있다. 북쪽의 옥문관과 남쪽의 양관이다. 옥문관은 타클라마칸사막 북쪽 길로 가는 관문이고, 양관은 사막 남쪽 길로 가는 관문이었다.

따라서 실크로드의 역사에서 둔황은 매우 중요한 곳이다. 한나라나 당나라는 둔황 서쪽까지 진출했지만, 어디까지나 중국

양관 고지
둔황에서 남쪽으로 75킬로미터 떨어진 관문인 양관에는 '양관 고지'라는 비석이 세워져 있다.

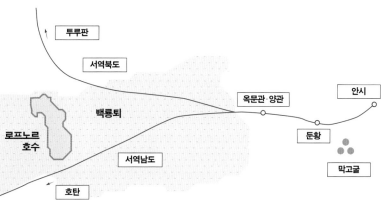

본토는 둔황까지라고 여겨졌다. 양관이나 옥문관을 나서면 아무리 중국의 지배를 받는 곳이라 하더라도 중국과는 이질적인 서역 땅으로 여겨지는 것이 자연스러운 일이었다.

둔황은 사막으로 둘러싸여 있지만 당하라는 하천이 시내 한가운데를 관통하기 때문에 비교적 풍요로운 호반 도시이다. 둔황 중심부에서 남쪽으로 조금만 가면 명사산(鳴砂山)이라는 모래 산이 동서로 길게 뻗어 있고, 그 기슭 한곳에 월아천(月芽川)이라는 아름다운 오아시스가 자리 잡고 있다.

모래 산이라고 하니까 작은 모래 언덕쯤으로 생각하면 큰코다친다. 명사산은 동서 길이가 40킬로미터에 이르는 긴 산줄기이다. 이 산은 동쪽으로 가면서 단단한 돌산으로 바뀌다가 땅으로 내려앉는데, 바로 그 끄트머리 돌산을 따라 마치 벌집처럼 수많은 석굴이 뚫려 있다. 무려 735개에 이르는 이 석굴들을 아울러 가리키는 이름이 바로 모가오 굴, 우리 한자 발음으로는 '막고굴(莫高窟)'이다.

막고굴은 굴마다 수많은 불상이 있기 때문에 천불동(千佛洞)이라고도 불린다. 서기 366년 낙존(樂尊)이라는 스님이 이 산을 지나다가 문득 수많은 부처가 나타난 것처럼 황금빛이 번쩍이는 모습을 보고 돌산에 굴을 파고 들어가 수도를 했다. 그것이 막고굴의 시작이었다. 그 후 막고굴은 오랜 세월 실크로드의 역사와 함께해 왔다. 총면적 4만 5,000평방미터의 벽

막고굴의 대표 96호굴
96호굴에는 35.5미터나 되는 대불이 앉아 있다. 695년 건조된 대불이 워낙 크다 보니 굴 앞에 9층짜리 누각을 지어 이를 '구층루'라 부른다.

실크로드의 보물이 왜 우리나라에 있을까

화와 2,415존의 채색 조각상이 모셔져 있는 이곳은 거대한 실크로드 박물관이자 불교 미술관이라 할 만하다.

막고굴은 중국의 수많은 문화재 가운데 진시황릉 병마용갱과 더불어 가장 먼저 유네스코 세계문화유산으로 지정되었다. 그래서 사람들은 막고굴을 실크로드의 꽃이라고 부른다. 여러분이 실크로드 여행을 가게 된다면 수천 킬로미터에 이르는 여정을 거칠 테지만, 만약 막고굴의 불상과 벽화를 감상하지 못한다면 결코 실크로드를 다녀왔다고 말할 수 없을 것이다. 반대로 다른 것은 아무것도 보지 못했다 하더라도 막고굴을 봤다면 실크로드를 다녀온 사람의 자격을 얻을 수 있다.

작은 굴에서 쏟아져 나온 보물들

막고굴의 735개 석굴 가운데 사람들이 들어가 볼 수 있는 곳은 492개인데, 이 굴들에는 일련번호가 매겨져 있다. 그중에서도 특히 유명한 것이 이른바 '장경동(藏經洞)'이라 불리는 17호굴이다. '장경동'이란 경전을 보관한 굴이라는 뜻인데, 이 굴은 독자적으로 만들어진 굴이 아니라 16호굴의 북쪽 벽을 뚫어 벽장처럼 만들어 놓은 부속 굴이다.

영리한 친구라면 경전을 보관하던 굴이라는 말에서 눈치를 챘을 것이다. 혜초의 《왕오천축국전》이 바로 이 17호굴에 보관되어 있었으리라는 사실을 말이다. 17호굴은 비록 16호굴에 딸린 작은 굴이지만《왕오천축국전》을 비롯해 수없이 많은 경전들이 천 년 넘게 보관되어 있었다. 그렇다면 이 작은 굴에 그처럼 귀중한 경전과 보물이 오랫동안 남아 있었던 비결은 무엇일까?

그것은 17호굴이 사실은 천 년 넘게 사람들에게서 잊힌 덕분이다. 16호굴에서 17호굴로 통하는 입구는 거의 천 년 전에 막혀 버렸는데, 그 후로 사람들은 이 작은 굴이 있다는 사실조차 잊고 지냈다. 그러던 중 막고굴을 관리하던 왕원록이라는 도교의 도사가 16호굴을 청소하면서 쌓인 모래를 치우다가 굴 북쪽에 연결되어 있는 장경동을 발견했다. 정확히 1900년의 일이었다.

왕원록이 발견한 장경동, 즉 17호굴은 2.6미터 넓이에 3미터 높이의 굴방이었다. 당나라 말이던 9세기에 마련된 장경동은 본래 홍변(洪辯)이라는 스님의 상을 안치한 작은 굴이었다. 그런데 11세기 초에 서하라는 나라의 군사들이 다가오자 막고굴을 지키던 스님들이 불경, 불화, 각종 불교 도구, 그리고《왕오천축국전》을 비롯한 책과 문서 5만여 점을 이곳에 숨기고 입구를 벽으로 막았다. 그렇게 막은 벽에는 벽화를 그려서 그 안에 굴이 있다는 것을 눈치챌 수 없게 했다. 그런데 오랜 시간이 흐르면서 굴을 막았다는 사실마저 까맣게 잊혔던 것이다.

그 장경동을 발견한 왕원록은 도교의 도사였기 때문에 그곳에 있는 불교와 유교 문화재들의 가치를 잘 몰랐다. 그런데 그가 장경동을 발견한 지 7년이 지난 1907년 영국의 고고학자 아우렐 스타인이 막고굴을 찾았다. 당시 스타인은 탐험대를 이끌고 오늘날의 신장위구르자치구에서 발굴을 진행하고 있었는데, 평소 친분이 있던 중국의 장군이 그에게 둔황에서 나온 불경 한 권을 보내 주었다. 그 불경이 당나라 때 것임을 알아본 스타인은 바로 둔황으로 달려갔던 것이다.

막고굴에서 장경동을 본 스타인은 값으로 따질 수 없는 보물들을 보고 눈이 뒤집혔다. 그는 왕원록에게 도교 사원 건립을 돕겠다고 해 신임을 얻고는 왕원록의 허락을 받아 장경동에 들어갔다. 스타인은 고고학자였지만 불교와 한문에 대한 조예는 부족했다. 그래서 일단 가치가 있어 보이는 책과 문서를 챙겨 스물네 개 상자에 넣고, 다른 예술품도 다섯 상자 분량을 챙겼다. 스타인이 이처럼 많은 양의 보물을 장경동에서 빼내 가면서 왕원록에게 치른 대가는 종이값에 불과한 은전 200냥이었다.

영국박물관
'대영박물관'이라고도 불리는 영국박물관은 오늘날 둔황 관련 문화재만 1만 3700건을 소장하고 있는 실크로드 연구의 보물 창고가 되었다.

그리고 7년이 흘렀다. 다시 막고굴을 찾은 스타인은 이번에는 은전 500냥을 내고 670묶음의 자료를 빼돌렸다. 이렇게 스타인이 빼돌린 둔황의 문화재들은 대부분 영국박물관과 영국의 지배를 받던 인도의 박물관에 기증되었다.

그런데 이처럼 스타인이 막대한 보물을 빼돌렸음에도 불구하고 《왕오천축국전》은 여전히 장경동에 남아 있었다. 그것은 장경동 보물의 가치를 더 잘 알아볼 수 있는 다음 타자를 기다리고 있었다. 그 주인공은 유감스럽게도 한국인이 아니라 프랑스의 고전학자인 폴 펠리오였다.

펠리오는 둔황에서 고대 문헌이 발견되었다는 소식을 듣고 바로 달려갔다. 그는 스타인과 달리 한문학에 통달한 학자였기 때문에 3주 동안이나 장경동에 머무르며 문헌들을 상세히 조사했다. 그리하여 스타인이 통역에 의존하느라 소홀히 넘긴 진귀한 경전들과 언어학·고고학적으로 매우 가치 있는 6,000권의 사본, 화집 등을 골라낼 수 있었다. 펠리오는 이 보물들을 열 대의 큰 차에 가득 싣고 파리로 옮겼다. 그중 하나가 바로 혜초의 《왕오천축국전》이었다.

펠리오가 그 많은 보물들을 빼내 가는 데 들인 돈은 겨우 은 600냥이었고, 그는 이 보물들을 파리국립도서관에 기증했다. 그리하여 《왕오천축국전》은 오늘도 프랑스와 파리국립도서관을 빛내는 문화재로 남아 있다.

폴 펠리오
프랑스 고전학자 폴 펠리오는 3주 동안 막고굴의 장경동에 머무르며 귀중한 자료들을 골라냈다.

실크로드의 보물이 왜 우리나라에 있을까

실크로드의 악마들

장경동의 보물을 빼내 간 외국인은 스타인과 펠리오만이 아니었다. 일본인 탐험가 요시카와 고이치로와 다치바나 즈이초도 왕원록에게서 600여 권의 장경동 문서를 구입했다. 또 러시아의 불교학자인 올덴부르크는 이미 비어 버린 장경동을 뒤져 1만여 점의 문서와 예술품을 긁어모은 뒤 이를 러시아과학기술원 동방학연구소에 기증했다.

이처럼 서양과 일본의 탐험가들이 막고굴에서 가져간 문화재는 장경동의 보물만이 아니었다. 막고굴의 여러 동굴에 보존되어 있던 벽화와 불상들도 큰 손실을 입었다. 특히 당나라 때와 송나라 때 그려진 벽화는 오늘날 둔황에 남아 있지 않다.

문서나 조각 따위 예술품은 들고 간다 치고 벽에 그려진 벽화는 어떻게 해서 막고굴에서 사라진 것일까? 무지막지하게 떼어 내서 가져간 것이다. 앞서 말한 올덴부르크가 126호 굴의 벽화를 떼어 낸 데 이어 1923년에는 하버드 대학교의 랜든 워너가 막고굴을 찾아서 점착테이프를 붙였다 떼는 수법으로 벽화 전체나 일부 그림 26점을 가져갔다. 또 왕원록도 동굴 일부를 뚫느라 적지 않은 벽화를 훼손했다. 1922년에는 러시아 군인들이 들이닥쳐 굴 안에서 불을 피우는 바람에 벽이 그을려 적잖은 벽화가 망가지기도 했다.

이처럼 문화재 발굴에 눈이 먼 서양과 일본의 탐험가들은 둔황뿐 아니라 실크로드 곳곳에서 문화재를 훼손하고 약탈했다. 영국의 역사학자 피터 홉커크는 이처럼 실크로드를 탐험하면서 동서 문화 교류의 자취가 고스란히 담긴 문화재를 반출해 간 사람들을 '실크로드의 악마들'이라 불렀다.

물론 스타인이나 펠리오 같은 탐험가들은 그런 평가에 섭섭하고 억울해 할 것이다. 사막에 묻혀 버릴 뻔했던 인류의 보물을 발굴하고 보존한 공을 몰라주고 '악마'라니 심한 평이 아니냐고 말이다. 그러나 어떤 핑계를 대더라도 발굴 과정에서 문화재를 훼손하고 빼돌린 행위는 용서받을 수 없다. 또한 잊혔던 문화재를 발굴하고 다시 연구할 수 있게 한 공로를 인정한다 하더라도, 이제는 문화재가 본래 있던 곳으로 돌려주어야 올바른 도리일 것이다.

앞에서 다치바나 즈이초 같은 일본 탐험가 이야기를 했지만, 20세기 초 일본 탐험대의 선봉에는 일본 교토의 니시혼간지(西本願寺)라는 절의 주지 오타니 고즈이가 있었다. 그는 다치바나를 둔황에 보낸 것을 포함해 1902년부터 1914년까지 세 차례에 걸쳐 실크로드 탐험을 이끌었다. 그러면서 유럽과 미국의 탐험가들처럼 수많은 보물을 약탈했다.

그런데 오타니 고즈이가 약탈한 실크로드의 보물 가운데 1,500여 점이 오늘날 우리나라 국립중앙박물관의 아시아관에 고이 모셔져 있다. 오타니 고즈이는 니시혼간지가 파산하자 약탈한 보물들 일부를 재벌에게 팔아넘겼는데, 그중 일부가 조선

오타니 고즈이
일본의 종교가로 영국 런던에서 유학하고 27세 때의 1차 탐험을 시작으로 중앙아시아를 세 차례 탐험했다.

실크로드의 보물이 왜 우리나라에 있을까

복희여와도(伏羲女媧圖)
복희와 여와는 인간의 몸에 뱀의 하반신을 한 창세신이다. 오타니 고즈이 탐험대가 중국 신장위구르자치구 투루판의 아스타나 고묘군에서 약탈한 것으로, 현재 서울 국립중앙박물관 중앙아시아관에 소장되어 있다.
ⓒ국립중앙박물관

총독부로 넘어갔다. 그런데 1945년 해방을 맞아 조선총독부가 미처 일본으로 빼 가지 못하는 바람에 그 보물들이 '오타니 컬렉션'이라는 이름으로 우리나라에 남게 된 것이다.

지금도 막고굴에 가 보면 그곳에서 약탈된 문화재들이 보관돼 있는 나라를 표시하고 있는데, 당연히 한국도 빠지지 않는다. 우리가 약탈에 가담하지도 않았는데 약탈 문화재 보유 국가가 된 것이다.

한국은 지구상 어느 나라 못지않게 문화재를 많이 약탈당한 나라이다. 2000년대 중반에는 외국에 나가 있는 우리 문화재를 조사하고 반환을 모색하는 KBS 프로그램이 방영되기도 했었다. 그 프로그램의 이름은 〈위대한 유산 74434〉였다. 외국으로 빼돌려진 우리 문화재의 수가 7만 4,434점이라는 뜻이다. 그런데 그러한 약탈 문화재를 조사하고 반환을 추진하기 위해 만들어진 국외소재문화재재단이 밝힌 바에 따르면, 2018년 4월 현

실크로드의 보물이 왜 우리나라에 있을까

재 그 수가 17만 점을 넘어서고 있다.

이러한 현실에서 우리나라가 약탈 문화재 보유 국가로 남아 있는 것은 앞뒤가 맞지 않는 일이다. 그래서 '오타니 컬렉션 반환추진위원회'가 만들어져 실크로드 문화재를 반환하려는 움직임도 일어나고 있다.

어느 나라든지 문화재는 그 나라 역사의 산물이고 그 나라 사람들의 소중한 자산이다. 그런 문화재들이 강대국의 박물관이나 도서관에 가 있는 현실은 20세기 중반까지 인류가 겪었던 고약한 역사를 되새기게 만든다. 강한 나라가 약한 나라와 민족을 강제로 지배하고 그 나라의 보물을 약탈해 간 역사 말이다.

세계 곳곳에 흩어져 있는 문화재들이 제 나라를 찾아가는 일은 그런 역사를 바로잡기 위해서라도 결코 미룰 수 없는 인류의 과제이다.

왕오천축국전
통일 신라 때의 승려 혜초가 인도와 중앙아시아를 순례하고 그 행적을 적은 여행기.

17

실크로드에서
민주주의를 생각하다

고대의 민주주의와 현대의 민주주의

민주주의 고향 아테네 아크로폴리스에서
비라본 현대 아테네의 전경이다.

그렉시트라는 말이 있다. 그리스와 '탈출'을 뜻하는 엑시트를 합친 말이다. 그리스는 독일, 프랑스 등 유럽의 다른 나라와 경제적으로 한몸처럼 묶인 유럽 공동체에 소속되어 있는 나라다. 그런데 한때 그리스 경제가 나빠지면서 그리스 국민 사이에서 유럽 공동체를 탈퇴하자는 주장이 일었다. 경제력이 강하지 않은 그리스가 독일 같은 부자 나라와 함께 유럽 공동체에 있다 보니까 손해가 많다는 것이 그 이유였다. 그러나 독일이 그리스에 빌려준 돈을 가지고 압력을 넣는 바람에 끝내 그렉시트는 이루어지지 않았다.

그렉시트란 말을 처음 듣는 사람도 있을 것이고, 들었다 해도 이미 잊어버렸을지 모른다. 대신 역사 공부를 조금만 했다면 그리스와 관련해서 이 단어 하나쯤은 떠올릴 것이다. 바로 '민주주의'이다. 세계 역사에서 가장 먼저 민주주의를 실시한 나라가 그리스라는 것은 어떤 역사 교과서에나 나오는 말이니까.

자, 과연 민주주의란 무엇이고 그게 그리스하고 무슨 관계라는 말일까?

민주주의란 무엇일까

2,500여 년 전 그리스는 '폴리스'라고 불리는 수백 개의 도시 국가로 나뉘어 있었다. 그 가운데 민주주의를 가장 먼저 시작한 도시국가는 아테네였다. 민주주의는 그리스 말로 '데모크라티아'이다. 이 말은 데모스와 크라티아를 합친 말이다. 데모스는 아테네의 일반 평민이 사는 행정 구역을 말한다. 우리나라로 치면 동 같은 것이다. 그런데 나중에는 데모스에 사는 평민을 가리키는 말로도 쓰였다. 한편 크라티아는 '권력'이나 '정치'를 뜻한다. 따라서 데모크라티아는 평민의 권력, 평민의 정치를 가리킨다. 그러니까 평범한 사람들이 직접 법을 만든다든가 전쟁을 한다든가 세금을 매긴다든가 하는 정책을 결정하는 제도가 바로 민주주의였다.

이처럼 한 나라의 국민 전체가 직접 회의나 투표를 통해서 그 나라의 정책을 결정하는 민주주의 제도를 오늘날에는 직접민주주의라고 한다. 그러나 우리가 살고 있는 대한민국은 민주주의 국가이긴 해도 이러한 직접민주주의를 실시하지는 않는다. 인구가 너무 많기 때문에 모든 정책에 모든 사람의 의견을 반영하려고 하다가는 너무 많은 시간과 노력이 들기 때문이다. 그래서 국민을 대표해 정책을 결정하고 법을 만들 사람들을 뽑아서 그들에게 일정한 기간 동안 권력을 맡긴다. 국민을 대신해 법을 만드는 국회의원, 국민을 대신해 나라를 이끌어 가는 대통령이 그런 사람들이다. 이런 제도는 간접적으로 국민의 의사를 정책에 반영하기 때문에 간접민주주의라고 한다.

자, 그렇다면 도대체 그 오랜 옛날 그리스 사람들은 어떻게 민주주의를, 그것도 직접민주주의를 실현할 수 있었을까? 당시 그리스 주변에는 민주주의 비슷한 제도라도 시행하는 나라가 없었는데 말이다. 아니, 그리스 주변뿐 아니라 세계 모든 나라가 왕이라는 절대 권력자를 당연하게 여기던 시대였는데 말이다. 본격적으로 여러분을 2,500년 전의 아테네로 안내하겠다.

고대 그리스는
어떻게 민주주의를 이룩했을까

고대 그리스의 민주주의 제도는 아테네에서 시작해 테베, 아르고스 등 이웃 도시국가로 퍼져 나갔다. 그리스가 자리 잡은 지중해 주변에서 당시 가장 강한 나라는 페르시아 제국이었다. 오늘날의 이란에 해당하는 페르시아 제국은 매우 강력한 왕이 다스리는 전제국가였다. 전제국가란 한 사람이 한 손에 권력을 쥐고 모든 백성을 다스리는 나라를 말한다. 아테네 같은 도시국가는 규모가 지금 우리나라 '도'밖에 안 되는 크기였지만 페르시아 제국은 지금의 미국이나 중국에 맞먹는 엄청난 대국이었다. 그런 대국을 왕 한 명이 통째로 다스린다고 생각하면, 페르시아 왕이 얼마나 큰 권력을 쥐고 있었는지 짐작할 수 있다.

우리는 민주주의 시대에 살고 있기 때문에 민주주의 국가가 전제국가보다 훨씬 발전한 형태라고 생각한다. 실제로 민주주의 국가인 대한민국은 전제국가였던 대한제국보다 훨씬 더 발전한 나라이다. 하지만 2,500년 전 그리스의 민주주의 국가들은 페르시아 제국보다 훨씬 후진적이었다. 땅덩어리만 작은 것이 아니라 경제력, 군사력 등에서 그리스의 도시국가들을 다 합쳐도 페르시아 제국에 상대가 되지 않았다.

그렇다면 좀 이상하지 않은가? 당시 더 선진적이었던 페르시아 제국은 전제국가였는데 그보다 덜 발전한 그리스의 도시국가들이 어떻게 민주주의를 꽃피울 수 있었을까? 그것은 역사학자들도 쉽게 풀지 못한 수수께끼 중 하나이다. 분명한 것은 당시 고대 세계에서 페르시아처럼 발달한 나라들은 다 전제국가였다는 사실이다. 이집트가 그랬고 중국이 그랬다. 그런데 이처럼 고도로 발달한 전제국가들에서도 한때는 모든 사람이 평등하게 지내던 시절이 있었다.

페르시아 제국의 창건자 키루스 대왕의 무덤
키루스는 이란인들에게 건국의 아버지로 통한다. 그가 다스린 29년 동안 페르시아는 서남아시아, 중앙아시아 대부분을 정복하고 인도에 이르는 대제국이 되었다.

여러분이 역사책을 펼치면 처음에는 구석기 시대와 신석기 시대가 나온다. 이 둘을 합친 석기 시대는 기원전 250만 년 무렵부터 기원전 4000년 무렵까지 오랜 세월 계속되었다. 바로 그 석기 시대에 살던 인류는 어느 지역이든 관계없이 다 같이 일하고 다 같이 나누는 평등한 사회를 이루었다. 페르시아도 그랬고 그리스도 그랬다. 그러다가 기원전 4000년 무렵 페르시아와 그리스 사이에 있는 메소포타미아에서부터 청동기 시대가 시작되었다. 바로 이 청동기 시대부터 인간 사회에는 지배하는 사람과 지배받는 사람의 구분이 생기기 시작했다. 이 같은 새로운 현상이 발전하면서 나중에는 페르시아 제국처럼 단 한 사람이 왕이라는 이름으로 다른 모두를 지배하는 전제국가가 나타나게 된 것이다.

여기까지 설명하면 '아하!' 하고 무릎을 치는 친구들도 있을 것이다. 당시에는 발전된 사회일수록 석기 시대 평등 사회로부터 멀리 벗어나 전제국가로 나아갔다. 그것이 역사의 흐름이었다. 그런데 그리스 지역은 당시의 기준으로 볼 때 페르시아 제국처럼 발전하지 못한 후진 지역이었다. 따라서 그리스의 도시국가에 살던 사람들은 페르시아 사람들보다 옛날 평등 사회에 대한 기억을 더 많이 가지고 있었을 것이다. 그러다가 그리스에서도 왕이 나타나고 전제국가로 나아가려는 움직임이 있었는데, 어떤 이유에선지 아테네 사람들은 그런 움직임을 거부해 버렸다. "우리는 전제국가로 나아가지 않을래. 우리는 모든 사람

실크로드에서 민주주의를 생각하다

이 똑같은 권리를 누리는 사회를 지킬 거야!"

그래서 아테네를 비롯한 몇몇 도시국가들은 왕을 없애고 민주주의를 이룩했다. 그러나 여기서 꼭 기억해야 할 것은 그러한 그리스의 민주주의도 완전한 평등과는 거리가 멀었다는 사실이다. 당시 그리스에서도 이미 신분 차별은 굳어져 자유민과 노예의 구분은 아무도 허물지 못했다. 민주주의가 데모스의 권력이라고 할 때 데모스는 자유민만 가리키는 말이지 노예는 포함하지 않는다. 또한 집에서 아기 낳고 밥 짓고 빨래하는 여성도 정책을 결정하는 회의나 투표에 참여할 수 없었다. 그러니까 그리스의 민주주의는 불완전한 민주주의였고, 다른 각도에서 보면 노예와 여성에 대한 남성 자유민들의 독재였다.

그렇다고 하더라도 주변의 모든 나라들이 전제국가로 나아갈 때 민주주의를 이룩한 그리스 사람들은 참 똑똑하고 용감한 사람들이었다. 그런데 이들이 민주주의를 이룩하는 과정에는 이웃의 전제국가 페르시아 제국과 벌인 전쟁도 한몫했다. 이게 무슨 말일까 의아할 것이다. 도대체 전쟁이 어떻게 민주주의 이룩을 돕는단 말인가?

이 질문에 답하기 위해 이제부터 우리는 아테네 근교에 있는 마라톤이라는 곳으로 발길을 돌리도록 하겠다.

마라톤 용사들이 말하는 민주주의

여러분은 이미 민주주의 국가였던 나라에서 태어나 지금도 민주주의 국가에서 살고 있다. 그러다 보니 민주주의는 사람 사는 세상에서 당연히 주어지는 것이라고 생각하기 쉽다. 하지만 여러분의 부모님이나 할아버지 할머니는 우리나라가 민주주의 국가가 아닐 때도 이 땅에서 살았다. 그래서 그분들은 민주주의를 이룩하고 지키는 것이 얼마나 어려운지 잘 알 것이다. 몇 해 전 국민이 뽑은 대통령이 권력을 잘못 행사했을 때 그토록 많은 국민이 촛불을 들고 모였던 것도, 그렇게 하지 않으면 민주주의가 사라질지 모른다고 생각했기 때문이다.

고대 그리스 사람들도 마찬가지였다. 아테네에서 처음 민주주의를 시작했을 때 이 제도는 적이 많았다. 아테네 사람들은 민주주의를 시작하기 전에 한 사람의 독재자인 '참주'에게 정치를 맡기는 참주 정치도 해 봤고, 돈 많은 사람들에게 정치를 맡기는 금권 정치도 해 봤다. 그런 실험 끝에 민주주의만큼 좋은 제도는 없다는 판단을 하고 참주와 부자들의 권력을 빼앗았다. 당연히 이들은 민주주의에 불만을 가질 수밖에 없었다. 그래서 아테네 사람들은 참주 정치나 금권 정치가 돌아오지 않도록 하기 위해 엄청난 신경을 써야 했다. 그 이야기는 잠시 뒤에 이어서 하도록 하겠다.

민주주의의 적은 나라 밖에도 있었다. 앞에서 말한 것처럼 고대 그리스의 이웃에서는 강력한 페르시아 제국이 날로 땅을 넓

실크로드에서 민주주의를 생각하다

혀 가고 있었다. 그런 제국이 그리스의 도시국가들을 탐내지 않을 이유가 없었다. 만약 페르시아가 그리스를 점령해 버리면 아테네와 몇몇 도시국가에서 막 시작된 민주주의는 그 싹부터 짓밟혀 버릴 것이 뻔했다. 하지만 페르시아 같은 강대국이 쳐들어오면 그리스의 작은 도시국가들이 무슨 수로 이를 물리칠 수 있을까? 바로 여기서 마라톤의 기적이 일어나게 된다.

마라톤은 아테네 가까운 곳에 있는 항구 도시다. 제사에 향료로 사용하는 회향 풀을 그리스 말로 마라톤이라고 하는데, 바로 그 회향 풀이 많다고 해서 이 도시를 마라톤이라고 부른다. 마라톤은 페르시아 같은 동쪽 나라가 아테네로 가려고 할 때 처음 상륙하는 곳이었다. 기원전 490년 페르시아 제국의 왕 크세르크세스 1세는 그리스를 점령하기로 결정했다. 그래서 마르도니우스라는 장군에게 대군을 주어 그리스로 보냈고, 이 대군은 마

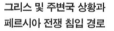
그리스 및 주변국 상황과
페르시아 전쟁 침입 경로

라톤에 상륙했다. 이것이 역사에서 말하는 제1차 페르시아 전쟁이다.

페르시아 대군을 실은 함대가 마라톤을 향해 다가오자 아테네에는 비상이 걸렸다. 아테네 시민들은 서쪽 펠로폰네소스 반도에 있는 도시국가 스파르타에 도움을 요청하기로 했다. 스파르타는 아테네와 같은 민주주의 국가는 아니었지만 같은 그리스 동포의 나라였다. 게다가 아테네가 무너지면 스파르타도 결코 안전하지 않았다. 따라서 아테네 시민들은 스파르타가 당연히 그들을 도울 거라고 생각했다.

그때 스파르타까지 수백 킬로미터 거리를 달려간 아테네의 전령은 페이디피데스라는 젊은이였다. 그러나 그는 스파르타에서 전혀 뜻밖의 대답을 들어야 했다. 당시 스파르타는 보름달이 떠야만 전투를 할 수 있다는 희한한 원칙을 가지고 있었다. 그때는 보름달이 뜨려면 7, 8일을 더 기다려야 했다. 그 정도면 페르시아 대군이 마라톤을 지나 아테네까지 쑥대밭으로 만들기에 충분한 시간이었다. 전혀 이해할 수 없는 원칙이었으나 스파르타 사람들은 거듭 정중히 고개를 저었다. 페이디피데스는 하는 수 없이 다시 수백 킬로미터를 달려 아테네로 돌아가 나쁜 소식을 전했다.

이제 아테네 시민들은 선택의 여지가 없었

페르시아 보병
페르세폴리스 아파다나 궁전 벽에 새겨진 페르시아 병사들의 모습.

실크로드에서 민주주의를 생각하다

아테네 병사와 페르시아 병사
기원전 5세기 그리스의 술잔에
나타나 있는 두 병사의 전투 모습.

다. 그들만의 힘으로 수만 명의 페르시아 대군을 맞아 싸워야
했다. 시민들은 사생결단의 결의를 다지고 군대를 꾸려 마라톤
으로 달려갔다. 민주주의 국가가 아닌 페르시아나 스파르타에
는 전문적으로 전쟁을 하는 군인 계급이 따로 있었다. 그러나
아테네에서는 시민들이 곧 군인이었다. 그들은 각자 자기 돈을
주고 산 갑옷을 입고 4미터나 되는 긴 창과 방패를 들었다. 민주
주의 국가였으므로 시민들이 국가를 운영할 권리도 있고 국가
를 지켜야 할 의무도 있었던 것이다.

아테네의 장병들은 자신들보다 훨씬 많은 페르시아 대군과
맞서 싸우기 위해 기발한 전술을 생각해 냈다. 시민이 곧 군인
이라지만 그중에는 싸움을 잘하는 정예병도 있고 싸움을 별로
해 보지 못한 서툰 병사도 있었다. 아테네군의 지휘관은 서툰
병사들을 가운데 배치하고 양쪽 날개에 최정예 병사들을 배치

했다. 전투가 시작되자 페르시아군은 거침없이 아테네군 가운데로 진격해 들어왔다. 약한 아테네 보병들은 페르시아군의 기세에 밀려날 수밖에 없었다. 그러나 페르시아군은 기세 좋게 아테네 진영을 마구 헤집고 들어가다가 양쪽의 아테네 정예 병사들에게 협공을 당하는 신세가 되었다. 아테네 정예 병사들은 페르시아 대군을 자기네 진영 한가운데 몰아넣고 사나운 공격을 퍼부었다. 그 결과 아테네군은 페르시아군 6,000여 명을 물리치고 기적과 같은 승리를 거두었다.

전쟁 이야기를 좋아하는 독자들은 이러한 아테네군의 전법을 보고 생각나는 게 있을 것이다. 바로 임진왜란 때 한산도 대첩에서 이순신 장군이 사용한 학익진이다. 학익진이란 학 날개 모양으로 진을 펼쳐 적군을 날개 사이로 몰아넣고 양쪽에서 맹공을 퍼붓는 전술이다. 이런 방식으로 이순신 장군은 왜군을 거의 전멸시키다시피 하는 대승을 거두었다. 동서고금을 막론하고 반드시 이기겠다고 다짐하는 사람들은 이처럼 기발한 방법을 고안해 마침내 승리를 거두곤 했다.

전하는 이야기에 따르면 그때 아테네군 병사 하나가 아테네까지 달려가 승전보를 전하고 숨이 차 죽었다고 한다. 바로 그이야기에서 오늘날 마라톤이라는 운동이 비롯되었다. 어떤 시인은 그렇게 승전보를 전하고 죽은 젊은이가 앞서 스파르타까지 달려갔던 페이디피데스라고 노래했다. 하지만 스파르타는 마라톤보다 아테네에서 훨씬 더 멀다. 그 거리를 달려갔던 사람

마라톤 평원의 전사자 묘
마라톤 전투에서 목숨을 잃은 아테네 병사 192명의 무덤.

실크로드에서 민주주의를 생각하다

이 고작 마라톤에서 아테네까지 뛰어가서 죽었을 리는 없다. 아마도 마라톤 전투의 승리를 아름답게 포장하기 위해서 스파르타까지 달려갔다 온 이야기를 마라톤-아테네 구간의 이야기로 슬쩍 바꿔치기한 게 아니었을까?

어쨌든 아름다운 이야기인 것만은 틀림없다. 더욱이 그 이야기에서 세계인의 스포츠인 마라톤이 탄생했으니 의미도 있다. 그렇다고 해서 마라톤과 아테네 사이가 오늘날 마라톤 경기의 거리처럼 42.195킬로미터라고 생각하면 오산이다. 마라톤 경기의 거리는 오랜 역사 속에서 계속 달라지다가 오늘날처럼 정해진 것이고, 실제 마라톤과 아테네 사이의 거리는 200킬로미터

가 넘는다. 오늘날 아테네에서는 매년 마라톤 전투의 승전을 기념하는 국제 마라톤 경기 대회가 열린다. 이 대회는 전 세계인들이 참여할 정도로 대단한 인기를 누리고 있다.

마라톤의 협공 작전을 승리로 이끈 민주주의의 주인공은 평민들이었다. 국가의 주인으로 올라선 평민들은 스스로 갑옷과 장창을 구입해 나라를 지키러 나섰다. 그들에게 국가는 곧 자신이었고 목숨 바쳐 지킬 만한 가치가 있는 대상이었다. 이걸 보면 오늘날 국가의 혜택을 가장 많이 받는 상류층 젊은이들이 온갖 구실로 병역을 회피하는 것이 얼마나 민주주의에 어긋나는 행동인지 알 수 있다.

마라톤 평원에는 마라톤 전투에서 목숨을 잃은 아테네 병사 192명의 무덤이 마치 경주의 신라 왕릉 모양으로 봉긋이 솟아 있다. 그 192명의 전사들은 말할 것도 없이 아테네의 주인인 평민들이었다. 그들은 오늘날 민주주의 국가에서 살고 있는 수많은 평범한 민초들에게 이렇게 말하는 것 같다.

"당신은 애국자인가? 잘 모르겠다면 먼저 나라를 당신의 것으로 만들어라. 목숨을 바쳐 지킬 만한 대상으로 만들어라. 그러면 어느 누가 뜯어말려도 당신은 애국자가 될 수밖에 없다. 그것이 바로 민주주의다."

실크로드에서 민주주의를 생각하다

민주주의의 고향, 아테네

이제 마라톤을 떠나 아테네로 가 보자. 고대 아테네는 아테나 여신이 지켜 주는 아름다운 도시였다. 도시 한가운데 봉긋이 솟은 아크로폴리스에는 아테나 여신을 으뜸 신으로 모시는 파르테논 신전을 비롯해 그리스 신화에 나오는 여러 신들의 신전이 우뚝 서 있다.

여러분 가운데 경주에 가 본 친구들은 많겠지만, 그중 경주 남산에 올라가 본 친구가 얼마나 될지 모르겠다. 경주 남산은 옛 신라의 아크로폴리스 같은 곳이었다. 아크로폴리스가 아테네 시민의 수호신들을 모신 성지라면, 경주 남산은 서라벌 백성

아크로폴리스
고대 그리스 폴리스의 중심이었던 언덕으로, 파르테논 신전을 비롯한 신전을 짓고 성벽을 둘렀다.

들을 지켜 주는 온갖 불상으로 가득한 불교의 성지였다.

우리나라 사람들 가운데 아크로폴리스를 민주주의의 상징처럼 생각하는 사람들이 많다. 몇몇 대학교에서는 학생들이 모여 토론을 벌이는 곳을 '아크로폴리스 광장'이라고 부른다. 하지만 이것은 잘못이다. 방금 이야기한 것처럼 아크로폴리스는 종교의 성지이고 아크로폴리스에서 내려다보이는 민주주의의 광장은 '아고라'이다.

한편 프닉스 언덕이라는 곳에서는 평민들이 모여서 국가 정책을 의결하는 민회(民會)가 한 달에도 몇 차례씩 열렸고, 아크로폴리스 아래에 있는 디오니소스 극장에서는 1년에 두 번 정기 민회가 열렸다. 2,500년 전에 이런 광경들이 펼쳐졌다니, 아테네는 정말 기적 같은 도시국가가 아닐 수 없다.

앞에서 아테네 사람들이 독재자인 참주나 부자들의 정치가 부활할까 봐 많은 걱정을 했다고 이야기했다. 그것은 마치 오늘날 한국인이 유신 독재나 제5공화국의 군부 독재가 부활할까 봐 걱정하는 것과 비슷하다. 그런데 아테네 사람들은 독재가 부활하지 못하게 하는 독특한 방법을 시행하고 있었다. 역사 교과서나 정치 교과서에 나오는 도편추방법이 바로 그것이다.

도편추방법의 '도편'은 도자기 조각이다. 아테네 시민들은 아고라 광장에 모여서 도자기 조각에다 자신이 지지하는 정치인 이름을 적어 냈다. 나중에는 조개껍데기에다 적어 냈다고 한다. 그런데 이렇게 적어 낸 것 중 6,000개 이상에서 같은 사람의

실크로드에서 민주주의를 생각하다

이름이 나오면 그를 외국으로 추방했다고 한다.

이상하지 않은가? 6,000명이 지지한다면 작은 도시 아테네에서 꽤 인기 있는 정치인이었다. 아테네 전체 시민 가운데 15퍼센트 정도의 지지율이 아닐까 싶다. 그렇게 대중적으로 인기 있는 정치인을 지도자로 내세우지는 못할망정 왜 외국으로 추방할까?

그것은 바로 독재에 대한 두려움 때문이었다. 그렇게 많은 사람의 지지를 받는 정치인은 그만큼 독재를 할 가능성도 높다고 본 것이다. 그러니까 실제로 독재를 한 것도 아닌데 독재를 할지도 모른다는 이유만으로 멀쩡한 정치인이 고향을 떠나야 했던 것이다. 만약 현재 우리나라에서 여론조사를 거쳐 이런 도편추방법과 같은 제도를 실시한다면, 매년 한두 명의 괜찮은 정치인이 강제 추방을 당하게 되지 않을까?

이러한 도편추방법은 얼핏 지나친 제도처럼 보인다. 독재를 예방한다는 명목으로 도리어 민주주의를 훼손하는 제도가 아닐까 싶기도 하다. 실제 당시 아테네에서도 일부 정치인들이 도편추방법을 악용해 정적들을 추방하는 음모를 꾸미기도 했다고 한다. 시민들을 선동해 특정 정치인의 이름을 많이 써 내게 하면 그를 추방할 수 있기 때문이다. 이런 이유로 결국 도편추방법은 오래가지 않아 폐지되고 말았다.

그러나 우리가 아테네의 도편추방법에서 배울 점도 적지 않다. 무엇보다 중요한 것은 아테네 시민들이 도편추방법 실시에

찬성한 까닭이다. 그들은 민주주의를 너무나 사랑했기 때문에 민주주의에 잠재적으로라도 적이 될 수 있는 사람을 받아들일 수 없었다. 이것을 달리 보자면 민주주의는 모든 사람을 받아들이는 정치가 아니라 민주주의의 적을 가차 없이 배제하는 정치라는 뜻도 된다.

도편추방법은 현대 어떤 민주주의 국가에도 적합한 제도가 아니다. 그러나 도편추방법의 정신은 오늘날 우리도 가슴에 새겨야 한다. 예를 들어 해방 직후 우리나라가 민주주의 국가를 건설하기 위해서 반드시 필요했던 '친일 청산'의 과제를 보자. 당시 막 수립된 대한민국 정부는 반민족행위자처벌법을 만들고 친일파 제거에 나섰다. 친일파는 일제 강점기에 조선총독부와 협조해 한국인의 인권을 짓밟은 민주주의의 적이었다. 따라서 그들이 공직에 오르거나 선거에 출마해 공직자가 되면, 그것은 형식적으로는 민주주의에 따른 것이지만 실제로는 민주주의를 훼손하는 결과를 가져온다.

당시 대한민국이 제대로 된 민주주의 국가가 되기 위해서는, 친일파를 적발해 그들이 한 짓을 밝혀내고 그들이 완전히 반성할 때까지는 모든 선거권과 피선거권을 박탈해야 했다. 그것이 도편추방법의 정신대로 이 땅의 민주주의를 바르게 수립하는 길이었다. 그러나 이승만 정부는 그 과제를 수행하기는커녕 친일파를 경찰과 정부 공무원으로 끌어들였다. 그 결과 우리나라는 오랫동안 친일파와 그 자손들이 호의호식하는 반민주적인

도편
도편추방제에 쓰인 도자기 파편. 페리클레스, 키몬, 아리스티데스의 이름이 쓰여 있다.
ⒸQwqchris

실크로드에서 민주주의를 생각하다

국가로 남아 있어야 했다.

1987년 6월 항쟁 때에도 비슷한 일이 있었다. 당시 온 국민이 민주주의를 바라면서 '독재 타도, 호헌 철폐'를 외쳤다. 독재란 전두환의 군부 독재를 말하는 것이고, 호헌 철폐란 전두환 같은 독재자가 대통령으로 선출될 수 있게 만든 나쁜 헌법을 바꾸자는 것이었다. 그런데 호헌 철폐는 이루어졌으나 독재 타도는 완성되지 않았다.

군부 독재 세력이나 그들에게 협조한 정치인은 민주주의를 훼손했으므로 감옥에 가거나 최소 5년 이상 선거권과 피선거권을 박탈당했어야 했다. 그러나 당시 민주주의를 위해 싸우던 정치인들은 선거가 제대로 이루어지기만 하면 자신들이 이길 거라고 안일하게 생각했다. 그래서 노태우 같은 군부 독재 세력이 대통령 선거에 나올 수 있도록 타협하고 말았다. 그런데 정작 선거에서 노태우가 이기는 바람에 한국의 민주주의는 또다시 험한 길을 걸을 수밖에 없었다.

결국 도편추방법이 우리에게 알려 주는 민주주의의 중요한 원칙은 이것이다. 민주주의는 흔히 말하는 것처럼 대화와 타협의 기술만은 아니다. 민주주의를 지키려면 민주주의의 적을 경계하고 필요하다면 일정 기간 자숙의 시간을 갖게 해야 한다. 다시 말해 민주주의를 누릴 자격은 민주주의를 지키려는 결의와 능력이 있는 사람에게만 있는 것이다.

'경상도'와 '전라도'를
하나의 선거구로?

참주가 다스리던 아테네에 민주 정치의 길을 연 사람은 솔론이었다. 기원전 594년에 그는 농민의 부채를 탕감해 노예로 굴러 떨어지는 것을 막아 주었다. 또 사람들의 경제 수준에 따라 계급을 나눠 그에 따라 민회와 재판에 참여할 권리를 줬다. 그런데 이러한 솔론의 개혁은 귀족과 평민 양쪽으로부터 비판을 받았다. 귀족은 노예가 줄어들어 불만이고, 평민은 빈부에 따라 사람을 차별하니 불만이었다.

이것이 바로 '금권 정치'라고 불리는 솔론의 개혁 정치였다. 이러한 금권 정치를 뜯어고쳐 본격적인 아테네표 민주 정치를 시작한 사람이 바로 클레이스테네스였다. 그는 기원전 508년 대대적인 개혁을 펼쳐 마침내 모든 평민이 정치권력을 나눠 갖는 민주주의 정치 제도를 아테네에 정착시켰다.

클레이스테네스의 개혁에는 재미있는 요소가 많다. 우리가 흔히 아테네라고 부르는 고대의 도시국가는 사실 오늘날 아테네를 둘러싼 아티카 반도 전체를 가리킨다. 이러한 아테네 도시국가의 면적은 우리나라 충청북도와 경상북도를 합쳐 놓은 크기와 비슷했다. 아테네 주민들은 혈연 중심으로 뭉친 네 개 부족(필레)으로 나뉘어 있었다. 그러한

아테네를 위한 법을
만들고 있는 솔론
솔론은 그리스 아테네의 정치가이자 시인으로 개혁 정치를 시작한 것으로 유명하다.

실크로드에서 민주주의를 생각하다

부족끼리 서로 권력이나 재산을 놓고 다퉜기 때문에 민주주의를 실시하기에 큰 어려움이 있었다.

그런데 클레이스테네스는 이처럼 혈연으로 나뉘어 있던 네 부족을 해체해 버렸다. 그리고 이들을 열 개 부족으로 재편했다. 열 개 부족 밑에 있는 행정 단위가 바로 '데모스'로, 클레이스테네스가 개혁을 마쳤을 때 아티카에는 139개의 데모스가 있었다. 그러니까 열 개 부족에는 각각 평균 13.9개의 데모스가 소속되어 있었던 셈이다.

데모스마다 구비된 시민 명단을 기초로 민주주의를 확립한 사람은 페리클레스였다. 우선 30세 이상의 남자 시민 가운데 열 부족에서 50명씩을 추첨으로 뽑아 500인 평의회를 만든다. 단임제인 500인 평의회는 재정과 외교 업무를 담당하고 재판권도 행사한다. 그 가운데 가장 중요한 기능은 민회를 소집하는 것이다. 최고 의결기관인 민회는 군대에 갔다 온 20세 이상 남성이

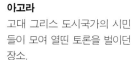

아고라
고대 그리스 도시국가의 시민들이 모여 열띤 토론을 벌이던 장소.

면 누구나 참가할 수 있다. 세금을 올리거나 외국과 전쟁을 하는 등 국내외 주요 정책이 민회에서 결정된다.

기원전 5세기 아티카 민회의 구성원은 약 4만 3,000명에 이르렀고 의결 정족수는 6,000명이었다. 따라서 6,000명 이상을 수용할 수 있는 민회 장소가 필요했는데, 따로 민회 건물을 짓지는 않았다. 앞서 말한 것처럼 프닉스 언덕에서 한 달에 몇 차례 민회가 열렸고, 1년에 두 차례 정기 민회는 아크로폴리스의 디오니소스 극장에서 열렸다. 한마디로 민주주의 정치 과정이 연중 축제처럼 계속된 것이다.

이러한 아테네 민주주의 정치 제도에서 주목할 것이 있다. 클레이스테네스가 개혁하기 전 아테네의 네 부족은 지역별로 나뉘어 있었다. 그러나 클레이스테네스가 재편한 열 개 부족은 지리적으로 나뉜 행정 구역이 아니었다. 하나의 부족을 구성하는 데모스들은 서로 다른 지역에 자리 잡고 있었다. 다시 말해 도시 지역에 있는 데모스와 해안 지역에 있는 데모스, 그리고 내륙 지역에 있는 데모스가 하나의 부족을 이루었다는 말이다. 클레이스테네스는 이 같은 개혁으로 고질적인 혈연주의와 지역주의를 한 방에 날려 보냈다.

클레이스테네스의 개혁을 우리 식으로 말하자면 경상북도의 구미, 전라남도의 해남, 충청북도의 음성이 하나의 부족에 속하는 식이다. 또 서울의 효자동, 인천의 주안동, 고양시의 주엽동이 하나의 부족에 속할 수도 있다. 만약 우리나라의 선거구를

실크로드에서 민주주의를 생각하다

이런 식으로 짠다고 상상해 보자. 그러면 오늘날 우리나라의 민주주의를 좀먹는 지역감정은 정치인들에게 아무런 쓸모도 없게 되지 않을까? 대구-해남-음성을 하나로 묶는 선거구에 출마해서 국회의원이 되려면 경상도, 전라도, 충청도 표를 고루 얻어야 하기 때문이다.

이것만 보아도 고대 아테네 사람들이 얼마나 기발하고 창의적인 사람들이었는지 알 수 있다. 우리나라의 올바른 민주주의를 위해서도 한번 참고해 볼 만한 아이디어가 아닐까?

**디오니소스 극장에서
바라본 아테네**
디오니소스 극장은 아크로폴리스 기슭에 자리 잡은 대형 야외 극장으로, 이곳에서 1년에 두 차례 아테네 시민들의 정기 민회가 열렸다.

18

실크로드에서
통일을 생각하다

'일대일로'와 남북통일

아시안 하이웨이 아시아 대륙 각국의 도로를 잇는 수십 개의
아시안 하이웨이 중 첫 번째가 경부고속도로에 걸쳐 있다.

실크로드를 넘어서

경부고속도로를 타고 달리다 보면 조금은 이상해 보이는 이 정표가 나타난다. 우리가 알고 있는 경부고속도로는 분명 서울과 부산을 잇는 1번 고속도로인데, 그 이정표는 이 도로가 중국을 지나 터키까지 이어진다고 표시하고 있다. 도로 번호도 그냥 '1'이 아니고 'AH1'이다.

많은 친구들이 고개를 갸우뚱거릴 것이다. 우리나라의 도로가 어떻게 중국, 터키랑 이어지지? 뭐, 육지로 이어져 있으니까 굳이 못 갈 것도 없지만, 중간에 북한 땅이 가로놓여 있잖아? 중국은커녕 북한의 개성이나 평양으로 가는 길도 막혀 있는데 어떻게 터키까지 가느냐 이 말이야!

하지만 이 도로는 분명 터키까지 이어져 있다. AH1은 '아시안 하이웨이 1번 도로'라는 뜻이다. 아시아 대륙에는 각국의 도로를 서로 잇는 수십 개의 아시안 하이웨이가 있는데, 경부고속도로를 일부 구간으로 하는 AH1은 그 가운데 첫 번째이다. 그러니까 만약 경부고속도로가 북한의 개성을 지나 신의주까지 가는 길과 이어진다면, 우리는 자동차를 몰고 그 길을 따라 터키까지 갈 수 있다.

아시안 하이웨이는 중국이 일대일로 구상을 내놓기 전에 유

실크로드를 달리는 고속철
중국은 일대일로 구상에 따라 사막과 산맥을 가로지르는 철도와 도로의 건설에 박차를 가하고 있다. 사진은 간쑤성의 란저우와 신장위구르자치구의 우루무치를 연결하는 고속철.

실크로드에서 통일을 생각하다

실크로드에서 통일을 생각하다

라시아 대륙의 여러 나라가 고대의 실크로드를 부활시키는 프로젝트로 진행해 왔다. 이와 더불어 여러 나라를 연결하는 유라시아 철도 프로젝트도 진행 중이다. 이처럼 유라시아 각국을 잇는 도로망과 철도망을 더욱 체계적으로 건설하고 그 길에 늘어선 나라들이 경제적으로 협력하는 것이 곧 '현대의 실크로드'인 일대일로 구상인 것이다.

통일이 열어젖힐 새로운 길

우리가 지금까지 살펴본 실크로드의 역사에서도 분명히 드러나듯이 이러한 동서 교역의 길은 예나 지금이나 우리와 밀접한 관계를 맺고 있다. 특히 다른 나라와 무역을 하면서 경제를 키워 온 우리나라에게 이와 같은 교역의 길은 없어서는 안 될 생명의 길이기도 하다.

그러나 앞에서도 AH1 표지판을 보면서 친구들이 고개를 갸웃거린 것처럼 우리가 이 같은 현대판 실크로드를 마음껏 이용하는 데는 결정적인 장애가 있다. 바로 남북한의 분단이다. 우리는 대한민국의 여권을 가지고 세계의 거의 모든 나라를 자유롭게 드나들 수 있지만, 가장 가까운 북한만은 갈 수 없다. 휴전

카라코람 하이웨이
중국의 서쪽 끝에 있는 국경 도시 카스와 파키스탄의 이슬라마바드를 잇는 세계에서 가장 높은 고속도로.

선 앞에서 우리 발걸음이 멈추기 때문에 그 너머로 이어지는 실크로드로도 갈 수 없다. 차를 타고 북한을 통과하는 데는 몇 시간밖에 걸리지 않을 테지만, 그 몇 시간이 허용되지 않기 때문에 우리는 실크로드에서 누릴 수 있는 수십, 수백 시간의 자유를 누리지 못한다.

따라서 현대판 실크로드를 마음껏 활용하려면 남북 교류와 통일은 필수다. 만약 남북한이 평화롭게 공존하거나 통일될 수만 있다면, 우리는 조상들이 그래 왔던 것처럼 유라시아 대륙을 내 집처럼 오갈 수 있을 것이다. 그것은 비행기를 타고 이 큰 대륙을 내려다보기만 하면서 지나가던 때와는 전혀 다른 생각의 크기를 우리에게 안겨 줄 것이다.

어떤 독자는 실크로드라는 말이 불편할지도 모른다. 그 말은 생겨날 때부터 중국의 비단 교역을 염두에 둔 것이었고, 역사 속에서 실크로드를 주로 관리한 것도 중국이기 때문이다. 그래서 실크로드는 결국 중국의 길이고, 우리가 실크로드에서 이익을 얻어 봤자 중국으로부터 약간의 '떡고물'을 얻어먹는 것에 불과하다고 실망할지도 모른다.

그러나 지금의 세계는 더 이상 유라시아 대륙에만 한정되어 교류하던 실크로드 시대가 아니다. 인류의 교역로는 유라시아

실크로드에서 통일을 생각하다

대륙의 실크로드를 넘어 오대양 육대주를 모두 연결하는 네트워크로 확대된 지 오래다. 그렇게 시야를 넓혀 보면 실크로드는 지구상 교역로의 일부에 불과하다. 우리나라를 중심에 놓았을 때 실크로드는 왼쪽 절반의 네트워크일 뿐 오른쪽으로는 광활한 태평양과 오세아니아, 아메리카 대륙을 잇는 길이 펼쳐져 있다. 사실 현대에 들어 가장 활발하게 성장하고 있는 교역망은 실크로드보다는 오히려 '아시아 태평양'이라고 불리는 이쪽의 바다와 육지에 마련되어 가고 있다.

유라시아 대륙의 실크로드와 아시아 태평양의 새로운 교역로 사이, 그 한가운데 한반도가 자리 잡고 있다는 것을 기억하자. 우리는 그다지 큰 나라가 아니지만, 이 양쪽의 교역 네트워크가 발전해 나가는 데 그 어떤 나라보다도 많은 기여를 할 수 있다. 지금까지도 그래 왔다. 하물며 남북한이 통일까지 이룬다면 우리는 거침없이 양쪽으로 뻗어 나갈 수 있을 것이다. 그래서 점점 좁아지고 가까워지는 현대 세계에서 매우 중요한 주인공의 역할을 할 수 있을 것이다.

실크로드를 넘어서
강원도 양양의 국도변에 있는 38선 표지석과 고성의 통일전망대에서 바라본 북녘 땅. 저 길을 따라가면 단지 북녘 땅만 있는 것이 아니라 유라시아와 아시아 태평양을 아우르는 광활한 신세계가 펼쳐질 것이다.